50 restaurantes com mais de 50

5 DÉCADAS DA GASTRONOMIA PAULISTANA

Janaina Rueda ★ Rafael Tonon

fotografias: Helena de Castro

MELHORAMENTOS

Sumário

Enfim, os "50 Oldest", por Thomaz Souto Correa • 3
Os heróis da restauração paulistana, por Janaina Rueda • 4
Os restaurantes tradicionais do momento • 6

Carlino Ristorante • 8
   Polpettone di picanha • 10
Cantina Capuano • 12
   Fusilli • 14
Ao Bar Guanabara • 16
   Filé à Dr. Mimi • 18
Santo Colomba Restaurante • 20
   Spaghetti alla carbonara • 22
Rei do Filet Restaurante • 24
   Filé à parmegiana • 26
Fasano • 28
   Tiramisù • 30
Ponto Chic • 32
   Bauru ao Ponto Chic • 34
Cantina Castelões • 36
   Pizza Castelões • 38
Bologna • 40
   Ossobuco com polenta à moda italiana • 42
Cantina C... Que Sabe • 44
   Gnoccone della mamma Rosa • 46
Pizzaria Moraes • 48
   Pizza marguerita especial • 50
Di Cunto • 52
   Torta Regina • 54
Freddy • 56
   Coq au vin • 58
Pizzaria Bruno • 60
   Pizza Reinaldo • 62
Itamarati • 64
   Bacalhau no forno • 66
Cantina do Marinheiro • 68
   Bacalhau à portuguesa grelhado • 70
Cantina Roperto • 72
   Perna de cabrito • 74

Bolinha • 76
   Feijoada tradicional • 78
Casa Santos • 80
   Bacalhau Grelhado à Casa Santos • 82
Brasserie Victória • 84
   Tabule • 87
Cantina 1020 • 88
   Agnolotti à moda • 90
Windhuk • 92
   Joelho de porco (eisbein) com repolho-roxo • 94
Da Giovanni • 96
   Ravióli verde ao molho funghi • 98
Jardim de Napoli • 100
   Carciofini allianz' olio • 102
Almanara • 104
   Salada fatouche • 106
Restaurante Caverna Bugre • 108
   Filé acebolado • 110
Casa Garabed • 112
   Baklava • 114
O Gato Que Ri • 116
   Lasanha verde • 118
Ca'd'Oro • 120
   Bollito misto alla piemontese • 122
Ita • 124
   Pudim de leite condensado com calda de caramelo • 126
Restaurante Star City • 128
   Feijoada • 130
Fuentes • 132
   Paella à valenciana • 134
Jacob • 136
   Charuto de folha de uva • 138
La Casserole • 140
   Steak tartare • 142
Roma Ristorante • 144
   Ravióli de búfala à primavera • 146

Tatini Restaurante • 148
   Linguini nel grana padano • 151
Marcel Restaurant • 152
   Souflé de queijo gruyère • 154
Frevo • 156
   Beirute • 159
Monte Verde Pizzaria • 160
   Camarão à grega • 162
Camelo Pizzaria • 164
   Pizza vegetariana • 166
Rubaiyat • 168
   Baby gold com sal de Malbec e farofa Luis Tavares • 170
Rodeio • 172
   Picadinho • 174
Speranza • 176
   Pizza Napolitana • 178
Restaurante Acrópoles • 180
   Mussaká • 182
Dinho's • 184
   Bife de tira e baked potato • 186
Raful • 188
   Salada falafel • 190
Restaurante Presidente • 192
   Executivo do Presidente • 194
Churrascaria Boi na Brasa • 196
   Filé-mignon à Boi na Brasa • 199
Cantina Gigio • 200
   Tagliarini à italiana • 202
Terraço Itália • 204
   Ravióli di taleggio ao tartufo • 206

Enfim, os "50 Oldest"

A ideia, segundo os autores, surgiu da lista dos "50 Best", os tais melhores restaurantes do mundo, feita pela revista inglesa *Restaurant*. Interessante, pensaram, que longevidade não é um dos critérios usados para a escolha de um bom restaurante. Qualquer lugar, mesmo aberto há pouco tempo, pode virar um dos melhores restaurantes do mundo? O que dizer, então, de um lugar que existe, digamos, há mais de 50 anos? Só pode ser muito bom, pelo menos para seus clientes que o frequentam há tantos anos. E olha que abre restaurante novo o tempo todo. Mas a maioria dos velhinhos continua firme, como se verá neste livro.

Foi assim que a Janaina e o Rafael decidiram fazer um livro dos 50 restaurantes mais antigos de São Paulo. Bom lembrar que existem na cidade lugares com mais de 100 anos de idade. Seja como for, a lista é fascinante sob muitos aspectos.

Um deles é a origem do que se come em São Paulo. Nenhuma surpresa que metade dos selecionados para este livro seja de lugares que servem comida italiana. Principalmente cantinas, mas também pizzarias e restaurantes, alguns até considerados chiques, como Fasano, Ca'd'Oro e Terraço Itália. Mas a maioria é de cantinas mesmo, de comidas simples e fartas, preparadas com receitas trazidas ou adaptadas pelas mesmas famílias que as criaram, desde que desembarcaram nesta cidade, e que as incorporaram como se estivessem aqui desde sempre. Eu conheço a maioria desses lugares há mais de 50 anos, alguns desde o primeiro endereço em que se instalaram, antes de se mudarem para os atuais. Eles estão aí durante minha vida inteira, fazendo tanto parte da minha São Paulo como os velhos bistrôs de Paris ou as antigas trattorias romanas.

Mas, claro, não são só as cantinas italianas que fazem de São Paulo uma cidade onde a comida local é estrangeira. Esse é outro aspecto da lista dos mais antigos. Há mais de 50 anos existem nesta cidade restaurantes alemães, árabes, espanhóis, franceses, chineses, portugueses, um grego e – claro – algumas churrascarias.

Outro aspecto é ingrediente inerente ao sucesso desses restaurantes: os cardápios são praticamente imutáveis. Não tem ninguém fazendo "espuma de braciola" nem "coulis de abobrinha". Há exceções, claro, mas a grande maioria conhece exatamente o que o cliente gosta e sabe que ele não quer novidades que desfigurem a comida que lhe dá prazer há tanto tempo.

Também na Europa latina é assim: na França, na Itália, na Espanha e em Portugal, os restaurantes mais antigos – e mais tradicionais – não ficam mudando os cardápios a cada onda de modernidade. Que os deuses da gastronomia os conservem assim. Quem quer modernidade que a procure antes que acabe. Quem quer a boa e velha comida tradicional que consulte este livro.

O Rafael parece um cara pacato. Já a Janaina, se você for discordar da escolha desses "50 Oldest", cuidado, ela vira onça.

Thomaz Souto Correa
Jornalista e guloso

Os heróis da restauração paulistana

Carrego guardada a memória da primeira vez que almocei fora. Tinha 5 anos e estava com a minha mãe. Sentamo-nos numa mesa do Il Sogno di Anarello. Era uma segunda-feira, dia em que ela tinha folga do trabalho (ela trabalhava no extinto Gallery). A mim, parecia um evento, ainda que fosse uma data comum. Minha mãe já frequentava restaurantes da cidade e era amiga de muitos de seus donos, como era o caso do Giovanni Bruno, proprietário do Il Sogno.

Pedi a lasanha verde à bolonhesa, que se tornou um dos meus pratos afetivos da vida inteira. O Il Sogno, na verdade, entrou nessa categoria para mim: um restaurante que sempre ocupou o mesmo espaço nas minhas lembranças que a casa da avó ocupa no coração (ou é na mente que essas coisas ficam registradas?) das pessoas. Seu Giovanni Bruno era, pois, como um avô pra mim.

Eu adorava ficar naquele salão quando pequena: atendia o telefone com a crença de que estava fazendo a coisa mais importante do mundo. Os clientes dependiam de eu estar ali, naquele minuto. "Il Sogno di Anarello, bom dia!" Quando minha mãe ia almoçar lá sem mim, ela trazia para viagem uma marmita da minha lasanha preferida, que seu Giovanni mandava especialmente pra mim. E eu a abria como se estivesse abrindo o melhor presente que o Papai Noel pudesse me trazer.

Seu Giovanni faleceu em 2014, e São Paulo perdeu não só um dos personagens mais importantes da cultura gastronômica da cidade; perdeu um homem que ajudou a dar cara nova (e um tanto de humanidade) a ela. Eu perdi uma das pessoas mais especiais que já conheci. Conto isso porque acho que desde aquela primeira vez que me sentei à mesa do Il Sogno, sem perceber ou ter a noção exata do que aquela experiência havia significado pra mim, eu já estava perdidamente apaixonada pelo mundo que é um restaurante.

Cresci frequentando muitos outros lugares com minha mãe e minha avó – ela também adorava sair para comer, e eu era a sua mais que frequente companhia nesses programas, que, com o tempo, se tornaram também meus programas preferidos. Adorava o ritual: sentar à mesa, observar o garçom tirar o pedido, a expectativa pela chegada do prato, ser servida e, por fim, comer. Tive sorte, sei hoje.

Depois, já adulta, me tornei vendedora e sommelière de uma das maiores empresas de bebida do mundo. Meu trabalho: visitar restaurantes, conversar com seus proprietários, viver o dia a dia dessas casas – ainda que mais como espectadora até então. Eu conheci o Jefferson, meu marido, por conta disso: vendia bebidas para o restaurante em que ele trabalhava, conversávamos e uma coisa levou à outra. Ou, melhor dizendo, essa coisa nos levou um ao outro. Quando casamos, ele já era um chef consagrado, tinha uma equipe para liderar (a verdadeira função de um chef, aliás), resolvia mil coisas relacionadas ao cotidiano do negócio. Ali, comecei a entender a grandeza que era gerir um restaurante.

Antes de inaugurarmos o Dona Onça, em 2008, o Jefferson se colocou na tarefa de me ensinar a cozinhar como uma cozinheira profissional: foram horas e horas de prática, de treino, até que todos os cortes estivessem perfeitos, que eu soubesse fazer todos os molhos. Por minha mãe sempre trabalhar fora, eu já cozinhava, mas ainda em um nível doméstico, amador. Tudo o que aprendi de cozinha veio com o Jefferson. Quando abrimos as portas do Dona Onça, percebi que tinha vivido tudo o que veio antes daquele momento só para me preparar para ele. Como se a vida tivesse sido um curso intensivo para eu fazer aquilo: ser dona de um restaurante.

No Brasil, como é possível imaginar, trata-se de uma função ingrata: impostos e mais impostos, direitos trabalhistas ultrapassados (principalmente para os funcionários), compras, boletos... Entendo perfeitamente as estatísticas que dizem que muitos restaurantes não passam dos primeiros anos: é um ramo muito difícil de se empreender, as pessoas não têm a menor ideia. O cliente que chega para jantar não sabe que os bastidores daquele show a que ele vai assistir começaram muito antes, com pré-preparos na cozinha, montagem do salão, equipes a mil para deixar tudo pronto. E quando ele chega, fazer tudo de novo, mas agora com plateia.

Por isso, tendo a pensar que os empresários que passam não apenas anos, mas décadas fazendo isso são verdadeiros heróis. Pelo menos pra mim. Se já é difícil manter o negócio de pé por um ano, imagine por 10, por 20... ou, no caso específico da lista deste livro, por mais de 50? É preciso enfrentar crises políticas e econômicas, mudanças da paisagem urbana e do perfil dos clientes, brigas na família (elas sempre existem, não há como mantê-las longe do estabelecimento!), crises financeiras, mudanças de equipes, preços dos ingredientes, mudanças de cardápio... e, ainda assim, perseverar, persistir.

Não tenho dúvida de que os melhores restaurantes do mundo são mesmo os que passam por tudo isso e continuam com comida bem-feita e serviço eficiente, ano após ano. São aqueles que têm clientes e sobrevivem deles. Algo em comum a todas as casas que listamos e visitamos pessoalmente para escrever este livro. Aqueles que me ensinaram tudo sobre esse difícil e apaixonante mundo da cozinha, que se baseia, no final de tudo, em atender bem as pessoas, sejam elas famílias, gente de família, gente sem família, gente bem de vida, políticos, artistas, boêmios, sonhadores, inteligentes, depressivos, melancólicos, alegres, travestis, intelectuais, roqueiros, sertanejos, empresários, banqueiros, gays, patricinhas, crianças... Gente disposta a comer o que temos para oferecer. É para elas que trabalhamos todo dia. Gente é a nossa motivação, gente que faz a vida da gente ser muito mais feliz.

Da parte que me cabe, sonho um dia, quem sabe, alguém resolver escrever a história de outros restaurantes de São Paulo com cinco décadas de vida e o Bar da Dona Onça estar lá, nessa nova seleção, tendo sobrevivido por tanto tempo atendendo seus clientes, como aconteceu com os restaurantes deste livro, que me inspiraram a querer começar minha história nesse ramo. E ainda me inspiram, mas agora no nobre desafio de permanecer relevante por mais quatro décadas.

Janaina Rueda
Chef e proprietária do Bar da Dona Onça

Os restaurantes tradicionais do momento

O ambiente continua o mesmo: poucas reformas foram feitas no espaço com paredes cobertas por madeira e quadros de natureza morta. Existe sempre a opção de pedir uma massa ou um filé com fritas independentemente da "especialidade" do cardápio da casa (e a porção que chega à mesa é farta o bastante para servir duas – ou mais – pessoas). Os garçons, a maioria já com seus cabelos brancos, sabem de cor todos os pratos e os acompanhamentos sem titubear ou pedir desculpa "para consultar a cozinha". O couvert vem com manteiga em bolinha (ou, vá lá, em pequenas embalagens plásticas) e pão francês, enquanto a luz branca do salão algumas vezes chega a doer os olhos. As descrições não deixam dúvida: você está em um restaurante tradicional.

São Paulo é cheia deles. Se você mora na cidade, deve conhecer alguns. Se não mora, já deve ter ouvido falar (ou até ter frequentado, quem sabe, três ou quatro). Mas, sendo morador ou turista, você invariavelmente passa pelas ruas da capital paulista ignorando a existência de muitos. Não tem problema, os restaurantes tradicionais se acostumaram a viver à sombra, sem os mesmos holofotes dos restaurantes do momento, em uma cidade que valoriza pouco seu passado. Eles, que já foram restaurantes do momento, não se deixaram levar pela fama, pelos artistas que os frequentaram, pelas reportagens dos jornais. Sabiam que, para continuar aqui, ainda hoje, precisavam se preocupar mesmo em trabalhar duro, em servir seus clientes fiéis sempre com o mesmo nível de qualidade da última vez. É isso que os fará voltar de novo. E numa próxima vez. E por anos...

Nesses restaurantes, tudo parece ter ficado em algum lugar daquele nosso passado mais afetivo, quando sair para comer era mais um programa em torno da família e das pessoas do que dos pratos e de quem os cozinhou. Não era preciso chefs renomados, arquitetos assinando os ambientes, espaço kids, cardápios com raviolonis recheados de conceitos. A comida era boa, o garçom sabia o nome do pai, pagávamos a conta e íamos embora sempre satisfeitos. Ninguém fotografava os pratos nem se preocupava em ler as avaliações do Foursquare.

Hoje, mesmo vivendo principalmente de seus clientes mais saudosos, os restaurantes tradicionais continuam firmes – alguns como podem, muitos ainda servindo ótimas refeições. Algo que nós comprovamos na prática em mais de dois anos frequentando muitos deles, quando resolvemos fazer este projeto deixar de ser só um papo de restaurante (sim, temos que assumir, foi em um desses restaurantes do momento que a nossa conversa surgiu). A ideia nasceu a partir de uma reflexão sobre a atual obsessão da gastronomia pelo numeral 50: a lista mais influente de restaurantes do momento, elaborada pela revista inglesa *Restaurant*, elege 50 deles ao redor do mundo. Mas os melhores restaurantes são aqueles que figuram em uma seleta (e impossível) lista de 50 ou os que há 50 anos continuam abertos, servindo bem sua fiel clientela?

Partimos do representativo número e fizemos uma extensa pesquisa, consultamos antigos frequentadores, folheamos arquivos de jornais. Saímos com uma lista surpreendentemente grande de restaurantes com mais de 5 décadas de existência (havia mais de 50 deles, e isso era um sinal!) e os visitamos, um a cada semana – não tão religiosamente assim –, provando suas receitas, suas especialidades. Relembramos pratos que se tornaram símbolos da gastronomia paulistana, ouvimos histórias da elaboração de muitos deles, histórias de seus fundadores, histórias de seus frequentadores, histórias. Não são elas o ingrediente principal dessas casas, afinal? Rimos com muitos garçons, choramos com muitos donos, ouvimos reclamações, mas mais ainda histórias felizes.

Para se manter por 50 anos aberto, é preciso que essas histórias se sobressaiam. Ainda mais em um mercado no qual é tão difícil perdurar. As estatísticas é que dizem: em São Paulo, de cada 100 casas abertas, 35 fecham no primeiro ano e só 3 funcionam por mais de 10. Se estendermos essa projeção para 50 anos, teremos um número próximo de zero. Mas para contrariar todas as projeções matemáticas é que decidimos fazer este livro, um apanhado com um perfil de 50 restaurantes abertos há mais de 50 anos – há os que passam até de um século de vida.

Nossa proposta não era contar as minúcias de suas histórias – para isso, cada um precisaria de um livro para si – nem fazer resenhas e avaliações de seus pratos, embora só tenhamos elegido restaurantes em que pudemos comer bem: esse foi o nosso principal critério para a seleção que se segue nas próximas páginas. Quisemos fazer como que um retrato atualizado de uma foto do passado, como que transformar aquele antigo LP em um arquivo digital, para mostrar para muita gente que não teve acesso que muito do que está ali ainda tem relevância e merece ser apreciado.

As receitas deste livro foram selecionadas e cedidas pelos donos de cada um dos restaurantes. Algumas não são os pratos icônicos das casas, evitando, assim, que segredos sejam revelados, mas muitas são receitas tradicionais paulistanas e já se tornaram patrimônio da cidade, afinal, ainda são feitas tal e qual em seus estabelecimentos de origem por décadas. Não deixa de ser, também, uma forma de essas receitas continuarem vivas na casa dos leitores que quiserem reproduzi-las.

Que sejam perpetuadas, pois, como os legados dos estabelecimentos que as criaram. Restaurantes tradicionais que merecem ser restaurantes do momento. Pelo menos daquele em que se quer comer bem sem ter que esperar em grandes filas, com refeições reconfortantes de verdade e um serviço que oferece, além do que você pedir, certo afeto nostálgico quando o garçom fizer o seu prato. Frequentar os estabelecimentos listados neste livro não é só um afago na memória, é, antes de tudo, um ato de civilidade.

Rafael Tonon e Janaina Rueda

aberto em
1881

Carlino Ristorante

O ano de fundação – 1881 – comprova: é o restaurante mais antigo em atividade de São Paulo. Mesmo descontados os três anos que permaneceu fechado – uma pausa felizmente interrompida pelo empresário Antônio Carlos Marino, em 2005 –, basta fazer a soma: são mais de 130 anos em pleno funcionamento ou, dissecando ainda mais, cerca de 47 mil dias com as portas abertas para os clientes. Um feito inédito na cidade! O Carlino é um símbolo de resistência de uma cidade que não sabe lá muito bem preservar a sua história, principalmente gastronômica, diante dos apelos dos novos restaurantes da moda que inadvertidamente foram surgindo, levando o público para outros bairros.

Instalado no Largo do Paissandu – mesmo local onde hoje estão as Grandes Galerias –, o restaurante de comida toscana foi batizado por seu proprietário, o italiano Carlo Cecchini, com o apelido pelo qual ele próprio era conhecido pelos amigos: Carlino. Restaurantes ainda eram uma relativa novidade nas cidades brasileiras da época, mas o Carlino obteve sucesso graças ao contingente de imigrantes italianos que habitavam a capital paulista. Cecchini tocou o negócio ali com galhardia até 1949, servindo receitas-lembranças que ele mesmo fazia, como o cordeiro alla cacciatora, o coelho ao funghi e o maccheroncini com frutos do mar. A administração passou, então, para Marcello Gianni, que, em 1960, transferiu o restaurante para o número 141 da Avenida Vieira de Carvalho, no Largo do Arouche, local que se tornou referência por abrigar grandes restaurantes da época (como Fasano e Rubaiyat).

Em 1978, Gianni passou a administração para as mãos de Antônio Carlos Marino, que manteve o restaurante aberto até 2002, quando não resistiu à decadência do Centro e fechou as portas. Os ambulantes e a fumaça dos "churrasquinhos de gato"

* TIPO DE COZINHA *

CULINÁRIA REGIONAL ITALIANA (TOSCANA)

* PRATOS ICÔNICOS *

POLPETTONE DI PICANHA, PAPARDELLE DE COELHO ALLA LUCHESE, BAVARESE ALLE TER SALSE

WWW.RISTORANTECARLINO.COM.BR

que dominaram a avenida acabaram por afastar os clientes. Três anos depois Marino decidiu voltar à cena, por persistência, resgatando a história do lugar que primeiro despertou a paixão dos paulistanos pelas massas, pelos risotos e pelas carnes da culinária italiana, mantida até hoje.

O Carlino funciona na Rua Epitácio Pessoa, numa travessa próxima ao Copan, uma porta que passaria quase despercebida não fosse a lousa na calçada anunciando os destaques da cozinha, como o polpettone di picanha recheado de mozarela, que figura certamente como um dos melhores da cidade – apesar de outras casas terem ganhado injustamente essa fama. O salão simples, de pé-direito baixo, é pequeno para carregar tanta história. Ali estão sempre Marino e seus filhos, Bianca e Bruno, que seguem o legado do pai: ambos começaram a estudar gastronomia, um importante indício de que o Carlino talvez deva se manter funcionando por mais alguns bons anos, quem sabe décadas. Diariamente, sentam-se juntos para comer, conversar e, claro, discutir, como bons italianos. Marino já cogitou ir para outro bairro, mudar de vizinhança, mas no fundo, no fundo não vê chances de sair dali. O Centro falou mais alto.

★ Polpettone di picanha ★

4 porções

para o polpetone
- 1 kg de carne moída de picanha
- Salsinha picada
- Cebolinha picada
- Sal
- Pimenta-do-reino
- 1 gema
- 200 g de mozarela picada
- 500 g de mozarela em fatias (para o recheio)
- Farinha de rosca
- Óleo
- Queijo parmesão ralado

para o molho
- 10 tomates maduros e frescos
- 5 dentes de alho picados
- 300 ml de azeite de oliva extravirgem
- Sal
- Pimenta-do-reino
- Orégano
- Manjericão fresco
- Uma pitada de açúcar

polpetone
Num recipiente coloque a carne e acrescente a salsinha, a cebolinha, o sal, a pimenta-do-reino, a gema, a mozarela picada e farinha de rosca para dar liga.
Faça pequenas bolas de carne, achate-as, recheie com duas fatias de mozarela e, em seguida, cubra com a outra bola achatada de carne, finalizando o polpetone.
Numa panela funda coloque óleo suficiente para cobrir os polpetones e aqueça. Frite as bolas de carne e retire-as do óleo quando subirem à superfície.

molho
Coloque metade do azeite em uma panela, acrescente o alho picado e deixe dourar. Adicione os tomates e ferva. Depois que os tomates desmancharem, acrescente o manjericão e os temperos a gosto e, por último, o restante do azeite para finalizar. Misture bem e reserve.

montagem
Arrume os polpetones numa fôrma refratária e cubra-os com o molho de tomate. Finalize salpicando uma boa quantidade de parmesão ralado.

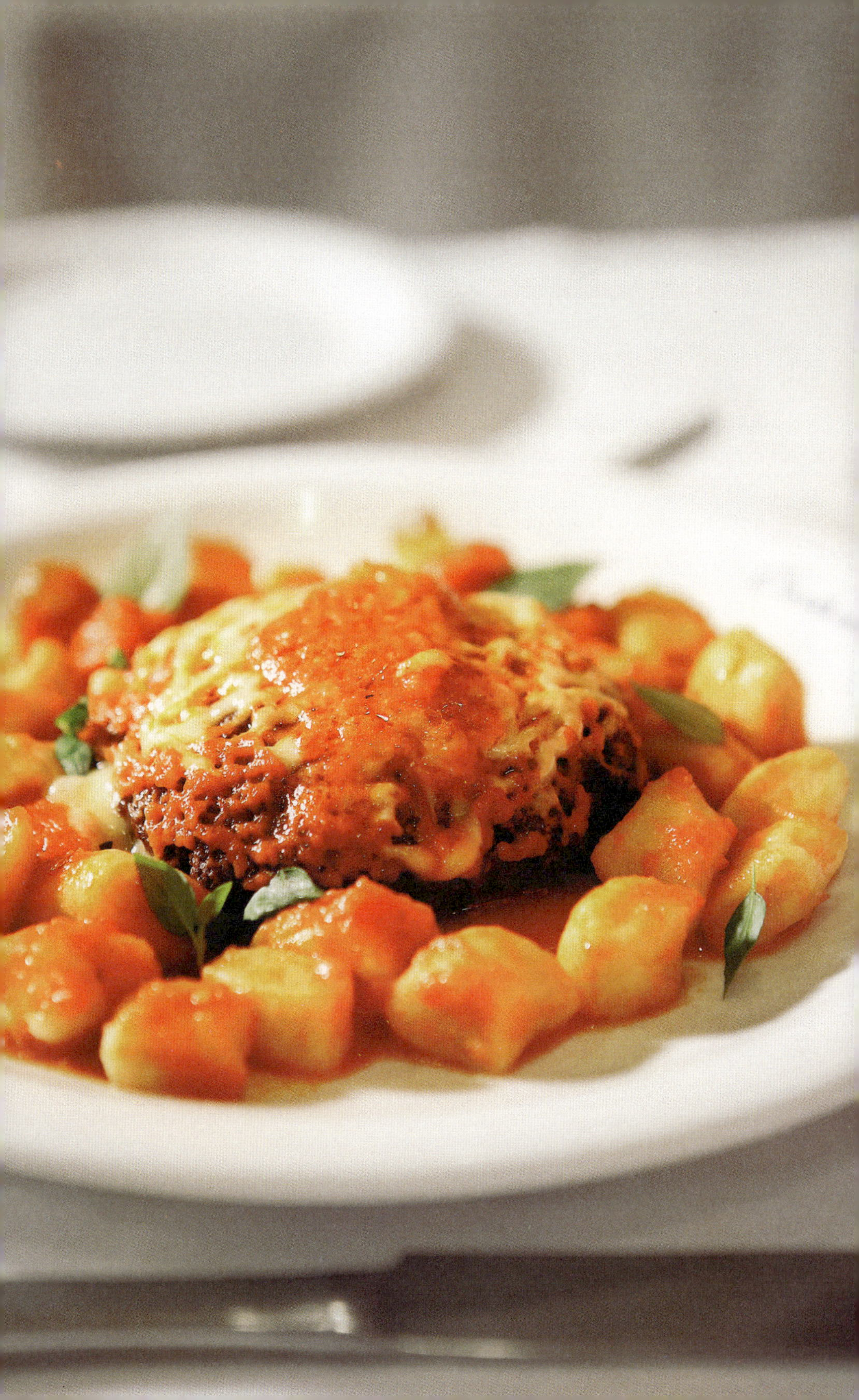

aberto em
1907

Cantina Capuano

Aberta em 1907 na Rua Major Diogo, a Cantina Capuano é um marco na cena gastronômica paulistana. Não só porque foi um dos primeiros restaurantes a abrir na cidade para atender comerciantes, banqueiros, empresários e toda uma nova classe média que, a partir das primeiras décadas do século XX, já buscava fazer suas refeições fora de casa, mas também porque, ao se instalar no Bexiga, bairro formado principalmente por imigrantes italianos, se tornou determinante para encorajar novos comerciantes a fazer o mesmo. Os italianos dominaram o mercado de restaurantes em São Paulo nas décadas de 1920 e 1930 e ainda criaram o primeiro bairro gastronômico da cidade, até hoje famoso pela quantidade de cantinas e padarias e pela popular festa de Nossa Senhora Achiropita, que acontece todos os anos em agosto.

Quem entra pela pequena porta do Capuano logo lê a faixa que o restaurante ostenta com orgulho: "A cantina mais antiga em funcionamento ininterrupto de São Paulo". São 110 anos sem parar de trabalhar. Hoje, quem administra o negócio é Angelo Mariano Luisi, que já passou das nove décadas bem vividas. Ele serve pratos, ajuda na cozinha e até toca bandolim ou clarinete pelas mesas do salão.

★ TIPO DE COZINHA ★

ITALIANA

★ PRATOS ICÔNICOS ★

FUSILLI AO MOLHO BOLONHESA, BRACIOLA, CAMARÃO COM CEBOLINHA

RUA CONSELHEIRO CARRÃO, 416 – BELA VISTA

Seu Angelo adquiriu o restaurante, fundado pelo calabrês Francisco Capuano, em 1961, 12 anos depois de chegar a São Paulo, vindo da província de Salerno, região sul da Itália. Anos depois, mudou o estabelecimento para a Rua Conselheiro Carrão, onde está até hoje. Nesses mais de 55 anos, tratou de fazer algumas mudanças, principalmente no cardápio, que era fechado: como em muitos restaurantes italianos tradicionais, o cliente não escolhia o que ia comer. Chegava à mesa uma sequência de pratos, do antepasto ao cabrito à cacciatora, alguma salada, uma pasta, frutas para finalizar. Seu Angelo incluiu no serviço da cozinha "umas polpetta", "umas braciola", como já dizia Adoniran Barbosa, perpetuando o dialeto "bexiguense". A última, aliás, um dos carros-chefe da casa até hoje. Enquanto o cliente se refestela no prato de fusilli (o original, longo, furado no meio) com molho bolonhesa ou de richitelli com molho napolitano (tomate, alho e manjericão), uma dupla de músicos se aproxima bradando canções italianas a plenos pulmões – em algumas vezes, Seu Angelo está presente. Faz parte da experiência! Assim como as garrafas de vinho penduradas no teto, as fitas com as três cores-símbolo da Itália amarradas aos lustres de madeira, os ladrilhos azuis da cozinha. É um restaurante, mas é também uma reminiscência viva da história da imigração italiana na cidade. As fotos nas paredes são registros das duas filhas, Elisabetta e Teresa, ainda pequenas, de Seu Angelo com sua esposa já falecida, Dona Ângela, que era quem tomava conta do fogão, produzia muitas das massas, deixava o molho em fogo baixo por horas e horas. Hoje, o restaurante é gerenciado pelas filhas, ambas nascidas já em São Paulo – a primeira, inclusive, logo no dia que o casal vindo da Itália pôs os pés no Brasil. Precisamente quando a história da família Luisi começou a ser contada por aqui.

★ Fusilli ★

5 porções

para o massa
- 1 kg de farinha de trigo
- 3 ovos
- Sal

para o molho
- 1 kg de tomates maduros e frescos
- 1 cebola média
- 5 dentes de alho picados
- ½ copo americano de água
- 1 colher de chá de bicarbonato de sódio
- Manjericão fresco

massa
Misture os ingredientes e adicione um pouco de água, se necessário, para dar liga.
Incorpore bem os ingredientes, formando uma massa macia, nem dura nem mole.
Faça pequenos rolinhos e fure a massa com uma vareta fina de alumínio. Retire o ferro da massa com cuidado para não desmanchar. Arrume os rolinhos em fileiras e retos. Deixe-os secar e mantenha-os refrigerados.

molho
Em uma panela, ferva os tomates com a água. Após ferver, retire os tomates do fogo, bata-os no liquidificador e peneire. Na panela, refogue o alho e a cebola, acrescente o molho de tomate e deixe ferver para apurar. Adicione sal a gosto. Se preferir, coloque um pouco de bicarbonato para retirar a acidez. Ao final, desligue o fogo, acrescente o manjericão e sirva o molho sobre o fusilli.

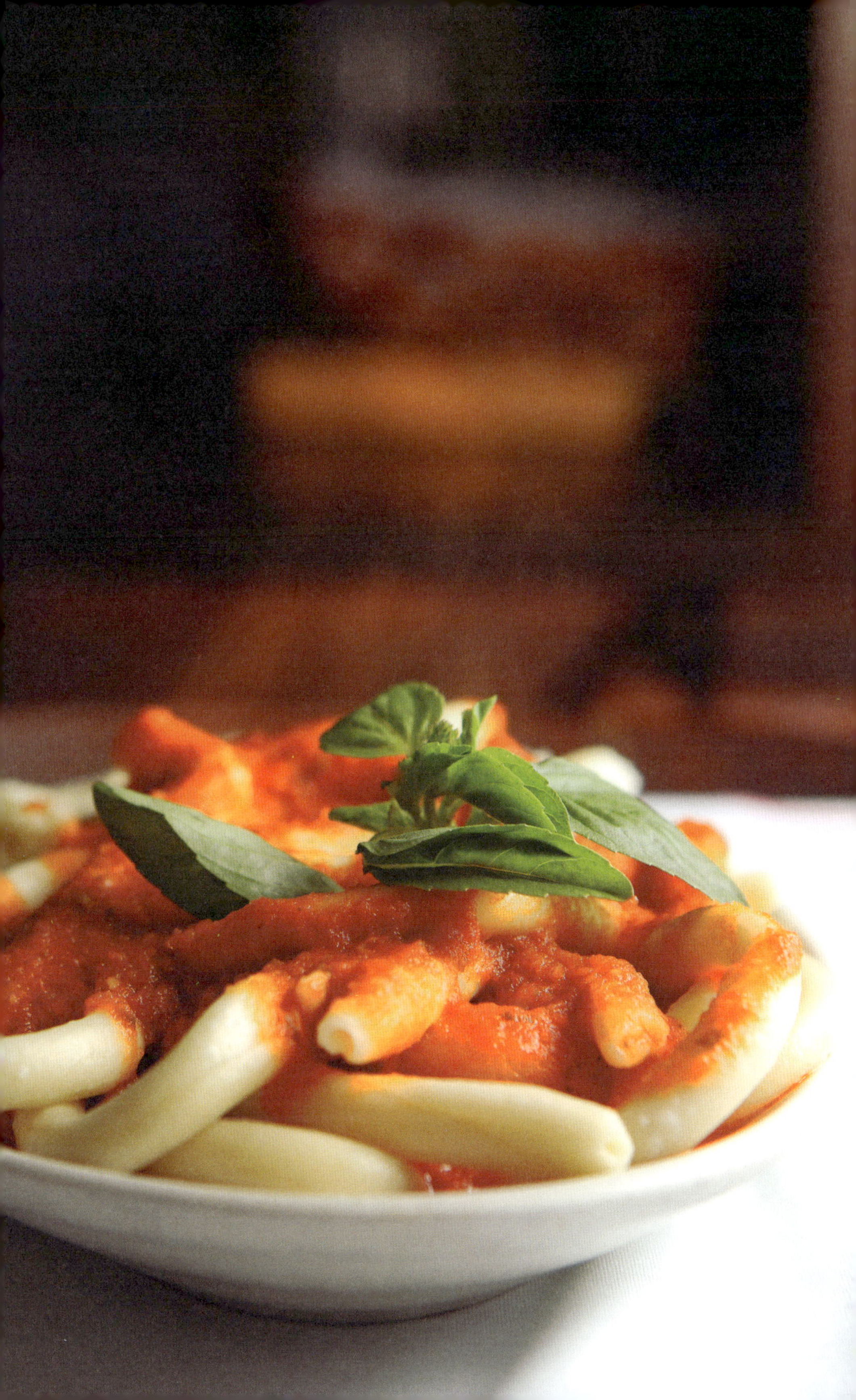

aberto em
1910

Ao Bar Guanabara

O Guanabara fica na esquina da Avenida São João com a Praça do Correio, coração do Vale do Anhangabaú, no conhecido Centrão de São Paulo, onde estão o Mosteiro de São Bento, a Praça das Artes e o Theatro Municipal. Poucas coordenadas são tão emblemáticas nesse perímetro urbano. Quem se senta em uma das mesas à janela tem uma vista privilegiada da aura da cidade e testemunha o azafamado ritmo paulistano de camarote. O Guanabara virou referência em receber testemunhas da história de São Paulo quando a cidade ainda era um município, muito antes de se tornar uma megalópole. Ao longo de mais de um século de funcionamento, o histórico estabelecimento já acomodou figurões como Santos Dumont, Ademar de Barros, Menotti Del Picchia, Getúlio Vargas e Sílvio Caldas. E também muitos trabalhadores, universitários, políticos, beberrões, banqueiros, boêmios, casais e famílias de todos os tipos.

Antes da localização na esquina icônica, o Guanabara ficava na Rua Boa Vista, onde começou a sua história. Em 1968, mudou de dono, tendo sido vendido pela família Martinez. Por causa das obras do metrô, três anos depois o restaurante foi transferido para a Avenida São João, aumentando ainda mais a sua popularidade. Fechado apenas aos domingos, o Guanabara atende os clientes das 11 às 22 horas, sem pausas. Graças ao ambiente informal e "familiar" (como se apresenta o próprio restaurante, seja lá o que quer que isso signifique), o Guanabara é um dos redutos mais democráticos à mesa, não só pelo seu ambiente acolhedor, mas também pelo conteúdo de seu cardápio, que vai de salgados, como a *coxinha a la creme*, a lanches servidos no pão francês sempre fresco, como é o caso do clássico sanduíche psicodélico, feito com rosbife, copa, queijo roquefort, anchovas, tomate-caqui e salsinha. Há, ainda, opções de pratos

★ TIPO DE COZINHA ★

VARIADA

★ PRATOS ICÔNICOS ★

COXINHA À LA CREME, SANDUÍCHE PSICODÉLICO, VIRADO À PAULISTA, CARNE ASSADA À BRASILEIRA

WWW.AOBARGUANABARA.COM

para quem busca refeições mais consistentes. Elas são encontradas nos almoços de dias da semana, nos PFs (pratos feitos) da casa, como o tradicionalíssimo virado à paulista, às segundas, e as variações de bacalhau (de Gomes de Sá a Zé do Pipo), às sextas, mas também nas massas, nos peixes e até mesmo nos cortes de carne feitos na churrasqueira, da picanha ao misto à gaúcha. As muitas combinações de carnes e acompanhamentos também são uma prova do desejo de agradar a todos os clientes – algo que era comum nos restaurantes de outrora: quanto mais opções, melhor. Versões como o filé à cubana (à milanesa com banana, palmito e ervilhas) são verdadeiros hits dessas casas de outros tempos. E os hits precisam ser sempre repetidos para garantir o sucesso do show. Não basta somente anos e anos de estrada: é preciso manter as composições na boca do público. Algo que o Guanabara soube fazer bem em um século de vida.

★ Filé à Dr. Mimi ★

2 porções

para a carne
- 300 g de filé-mignon
- 100 g de farinha de trigo
- 100 g de farinha de rosca
- 250 ml de óleo
- 2 ovos
- Sal
- Pimenta-do-reino

para o arroz à grega
- 1 xícara de chá de arroz
- 2 xícaras de chá de água
- 1 cenoura em cubos pequenos
- ½ pimentão vermelho em cubos pequenos
- 100 g de ervilha
- ½ cebola picada
- 1 dente de alho picado
- 2 colheres de sopa de azeite de oliva
- 1 colher de sopa de manteiga
- Sal
- Pimenta-do-reino

para o molho branco
- 500 ml de leite integral
- 2 colheres de sopa de farinha de trigo
- 2 colheres de sopa de manteiga
- 100 g de mozarela ralada
- Sal
- Noz-moscada ralada

para a montagem
- 100 g de bacon em fatias finas
- 50 g mozarela fatiada

carne
Bata o filé até ficar com meio centímetro de espessura. Tempere com sal e pimenta-do-reino a gosto. Para empanar, passe os filés na farinha de trigo, nos ovos e, por último, na farinha de rosca, apertando para que todos fiquem bem cobertos. Reserve na geladeira.
Em uma panela, aqueça o óleo. Quando estiver bem quente, frite os filés de ambos os lados até dourar.

arroz à grega
Ferva a água.
Em uma panela média, frite o alho e a cebola no azeite. Acrescente o arroz e o sal, mexa bem e deixe fritar um pouco. Adicione a água fervente e mexa. Abaixe o fogo e deixe a tampa da panela semiaberta. Assim que a água secar, desligue o fogo e reserve.
Em uma panela grande, derreta a manteiga, adicione a cenoura e cozinhe até ficar al dente. Depois, acrescente o pimentão picado e as

ervilhas. Tempere com sal e pimenta-do-reino a gosto. Mexa por mais 2 minutos e desligue o fogo.
Junte o arroz reservado à panela com os legumes e misture bem. Reserve.

molho branco
Em uma panela, derreta a manteiga, acrescente a farinha de trigo devagar e mexa até que a mistura fique levemente dourada.
Despeje o leite aos poucos, para não empelotar. Mexa até engrossar.
Em fogo baixo, mexendo sempre, adicione a mozarela ralada até incorporar ao molho. Desligue o fogo, adicione sal e tempere com noz-moscada. Reserve.

montagem
Em uma travessa, coloque uma camada de molho branco e, sobre o molho, o arroz à grega. Arrume os filés à milanesa sobre as camadas cobrindo-os com mozarela. Adicione as fatias de bacon sobre o queijo e, por fim, leve ao forno para gratinar.

aberto em
1912

Santo Colomba Restaurante

Um dos melhores restaurantes italianos de São Paulo nasceu de um bar localizado no prédio do Jockey Club do Rio de Janeiro. E não foi do animado papo de bêbados que a ideia surgiu. Literalmente, o bar fundado em 1912 foi trazido para a capital paulista e deu origem ao que hoje é o Santo Colomba, que funciona na Alameda Lorena e mantém ainda o balcão que por mais de 5 décadas reuniu a elite carioca em torno de conversas e drinques em um dos endereços mais disputados da cidade. A história toda começou quando a diretoria do Jockey carioca decidiu transferir a sua sede social do prédio na Avenida Rio Branco para uma nova construção, desenhada pelo arquiteto Lúcio Costa, no Jardim Botânico, onde está até hoje. À época, um dos principais atrativos do prédio era o bar, ironicamente batizado de Sóbrio, em estilo inglês, construído por arquitetos europeus que vieram ao país especialmente para conceber o espaço, todo feito de madeira de lei, vitrais belgas e azulejos franceses.

Com a notícia da mudança, os dirigentes do Jockey anunciaram que as peças da construção iriam a leilão – inclusive os móveis e acabamentos usados no bar. Um paulista apaixonado pelo local fez uma oferta e arrematou o bar em perfeitas condições. Tudo foi trazido cuidadosamente para São Paulo: o balcão imponente com suas prateleiras talhadas para acomodar as bebidas, os bancos altos, os espelhos. Nascia então o Santo Colomba, instalado inicialmente na Rua Padre João Manuel, como forma de manter intacta a sofisticada atmosfera britânica do antigo reduto. O nome paulistano, inclusive, foi dado em homenagem ao monge irlandês que se tornou patrono dos pubs e dos bebedores britânicos. Uma escolha providencial. O bar e restaurante fez enorme sucesso na capital paulista, até que, com o passar dos

* TIPO DE COZINHA *

ITALIANA TRADICIONAL

* PRATOS ICÔNICOS *

TRENETTE AO MOLHO DE TOMATE, AGNOLOTTI ALLA PIEMONTE, STRACOTTO COM POLENTA

WWW.SANTOCOLOMBA.COM.BR

anos, se voltou cada vez mais para a cozinha.

Em 1976, o Santo Colomba mudou-se para a Alameda Lorena e é hoje comandado por José Alencar de Souza, que é também o chef. De sua cozinha, saem especialidades que ele prepara com apuro, como o stracotto (carne cozida por 12 horas no vinho tinto, mais como um brasato), servido com polenta mole, o spaghetti alla carbonara e o trenette, massa longa da região da Ligúria que se tornou um ícone da casa. Vai muito bem com o molho de tomates frescos – como todos os ingredientes que entram no restaurante, ele garante. Alencar, como é conhecido, começou a carreira como garçom de uma casa de chá nos anos 1970, mas passou a se dedicar cada vez mais à cozinha. Estudou aqui e na Itália, onde aprendeu a zelar pela matéria-prima e ter apreço pela tradição – na sua cozinha não há modismos, embora ele fuja da Itália em algumas preparações com acento mais brasileiro e até em outras receitas, como seus arrozes, que também deram fama ao Santo Colomba. Tudo feito na hora: o chef é contra qualquer tipo de pré-preparo. Até mesmo o risoto é elaborado a partir do pedido, à minuta. Por isso, não é uma casa para se ir com pressa. Aliás, pressa aqui é inimiga da refeição. É bom chegar com tempo, tomar um drinque no lendário bar, rememorando a sua história, sentar-se à mesa e esperar para que Alencar vá até ela. Ele sempre vai, como quem cozinha em casa, recebendo amigos – como são, na verdade, a maior parte dos *habitués* que ainda enchem o salão, como se pertencessem a algum tipo de confraria ou clube (uma tradição que se manteve). Há alguns preparos do dia que só o chef conta quando passa pelas mesas – como é o caso de quando ele reproduz o camarão com chuchu que era sucesso dos tempos do Sóbrio. Daí, vale se entregar às suas sugestões sem medo. Satisfação do cliente é especialidade da casa.

★ Spaghetti alla carbonara ★

1 porção

- 100 g de espaguete
- 2 colheres de sopa de óleo
- 20 g de panceta italiana
- 1 colher de sopa de queijo pecorino ralado
- 3 colheres de sopa de queijo parmesão ralado
- 2 ovos inteiros, caipiras de preferência
- Sal

Em uma tigela, acrescente os 2 ovos inteiros e os queijos pecorino e parmesão e bata com um fouet (batedor) até formar um creme. Reserve.
Frite levemente a panceta em óleo quente. Reserve.
Em água fervente com sal, cozinhe a massa al dente. Leve a tigela com a mistura de ovos e queijo ao banho-maria, batendo sempre. Retire do fogo, acrescente o espaguete misturando sem parar com uma colher grande. Leve novamente ao banho-maria, acrescente metade da panceta, misture bem e sirva. Adicione o restante da panceta.

DICA DO CHEF

SE DESEJAR, FINALIZE COM PIMENTA-DO--REINO MOÍDA NA HORA.

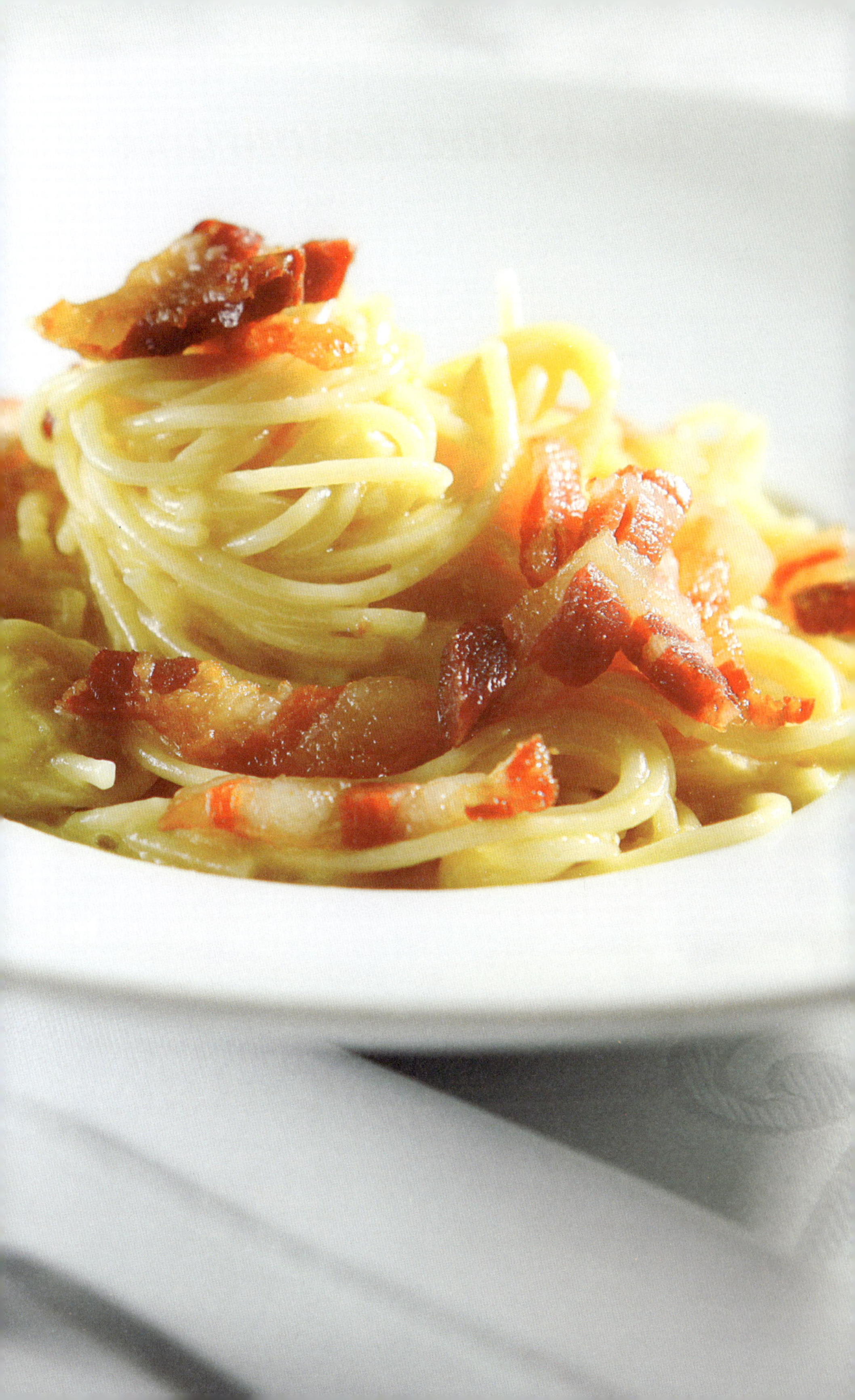

aberto em 1914 | *Rei do Filet Restaurante*

Muito antes de a supremacia do filé-mignon dominar os cardápios de 9 em cada 10 restaurantes paulistanos no setor de carnes, o corte nobre já fazia a fama do Morais desde o início do século passado, onde já eram servidas postas altas da carne para a alegria – e posterior fidelização – da clientela do Centro da cidade, onde o restaurante primeiro se instalou e opera até hoje. Não à toa, o estabelecimento foi rebatizado (também por questões jurídicas) e atende agora pela alcunha de Rei do Filet, ostentando nos letreiros sua reputação monárquica.

Sua história começou com o restaurante Esplanadinha, em seu primeiro endereço, inaugurado em 1914 na Rua Conselheiro Crispiniano pelos irmãos de origem portuguesa Salvador e Manuel Pereira. Conhecido como "Bife Sujo", já servia boas porções aos clientes mais preocupados com boa comida do que com a higiene da cozinha – a casa funcionava 24 horas por dia, e não havia muito tempo para uma limpeza mais pesada. Era bastante frequentada por boêmios e artistas, principalmente depois das apresentações e recitais do Theatro Municipal, pois ficava bem em frente. A lanchonete mudou-se para a Praça Júlio de Mesquita e ali ganhou novo nome: Bar, Café e Confeitaria Morais. Com mais pratos servidos, tornou-se apenas Restaurante Morais, com o Rei do Filet como complemento. De seu passado, seguiu com o clima meio botequim, meio lanchonete: salão de estilo simples, desprovido de luxo (e até de charme, diriam alguns), mesas e cadeiras pesadas de madeira, garçons apressados, porém eficientes. Por conta de seus filés caprichados, converteu-se em um restaurante de um prato só: são 16 tipos de filé (de gramaturas que variam de 130 gramas a quase 500 gramas). O que muda mesmo são as guarnições, entre farofa de ovos, palmito na manteiga e arroz primavera. A carne

★ TIPO DE COZINHA ★

CARNE

★ PRATOS ICÔNICOS ★

**FILÉ AO ALHO E ÓLEO,
FILÉ À CHATEAUBRIAND**

WWW.REIDOFILET.COM

é sempre a mesma – com corte e tempero seguidos desde os tempos do Esplanadinha, um segredo que os proprietários nunca dividiram. O Morais também ficou famoso por popularizar o filé ao alho e óleo, servido ali acompanhado de fritas e agrião. A receita se espalhou com o nome de Filé à Morais, em alusão ao restaurante mas também a um chapeiro de mesmo sobrenome que trabalhou com os irmãos Pereira nos idos tempos da Conselheiro Crispiniano, pelo qual os clientes tinham absoluta admiração. A preparação original pregava que o filé fosse cortado na frente do cliente e grelhado em chapa aquecida a lenha apenas três minutos de cada lado, temperado depois apenas com sal e pimenta-branca. Hoje, o filé chega invariavelmente à mesa cortado em borboleta, em busca de pontos mais passados. Uma adequação ao gosto da maioria dos clientes, justifica-se. Mas é possível pedi-lo como posta inteira, bem vermelho por dentro, tostado por fora.

Mas nem só de louros viveu o reinado do restaurante: durante o Plano Cruzado, na década de 1980, o preço da carne aumentou muito, o que inviabilizou o negócio, que permaneceu meses fechado, reabrindo só depois, com a normalização da economia. Na década seguinte, o Rei do Filet ganhou uma filial na Alameda Santos, espalhando seu domínio pela cidade e consagrando sua fama de servir o melhor filé paulistano – o que lhe rendeu, aliás, diversos prêmios e reconhecimento da imprensa especializada. Prova de que o Rei do Filet soube, aqui e ali, manter sua majestade.

★ Filé à parmegiana ★

4 porções

para o filé-mignon
- 230 g de filé-mignon
- 1 xícara de chá de farinha de rosca
- 2 ovos
- Óleo de soja
- Sal

para o molho
- 8 tomates maduros sem sementes
- 1 colher de sopa de bacon picado
- 1 colher de chá de cebola picada
- 2 dentes de alho picados
- 2 azeitonas chilenas sem caroço
- 1 colher de café de sal
- Açúcar
- Óleo

para a montagem
- 3 colheres de sopa de queijo parmesão ralado
- 1 colher de café de azeite de oliva extravirgem

filé-mignon
Tempere o filé-mignon com sal a gosto. Depois, bata a carne deixando-a do tamanho e formato de um prato grande. Empane o filé-mignon passando-o no ovo e na farinha de rosca. Após o empanar, frite-o sob imersão em óleo quente.

molho
Cozinhe os tomates por 40 minutos em fogo baixo. Acrescente água sempre que necessário e mantenha a panela fechada.
Em uma panela com óleo, frite o bacon, a cebola e o alho até dourar e, em seguida, acrescente as azeitonas. Junte todos os ingredientes aos tomates, bata-os no liquidificador e coe o molho resultante desse processo. Cozinhe o molho por 1 hora em fogo baixo. Acrescente o sal e o açúcar (apenas o necessário para retirar a acidez).

montagem
Coloque o molho sobre o filé-mignon e acrescente o queijo parmesão e o azeite. Por último, leve ao forno para gratinar.

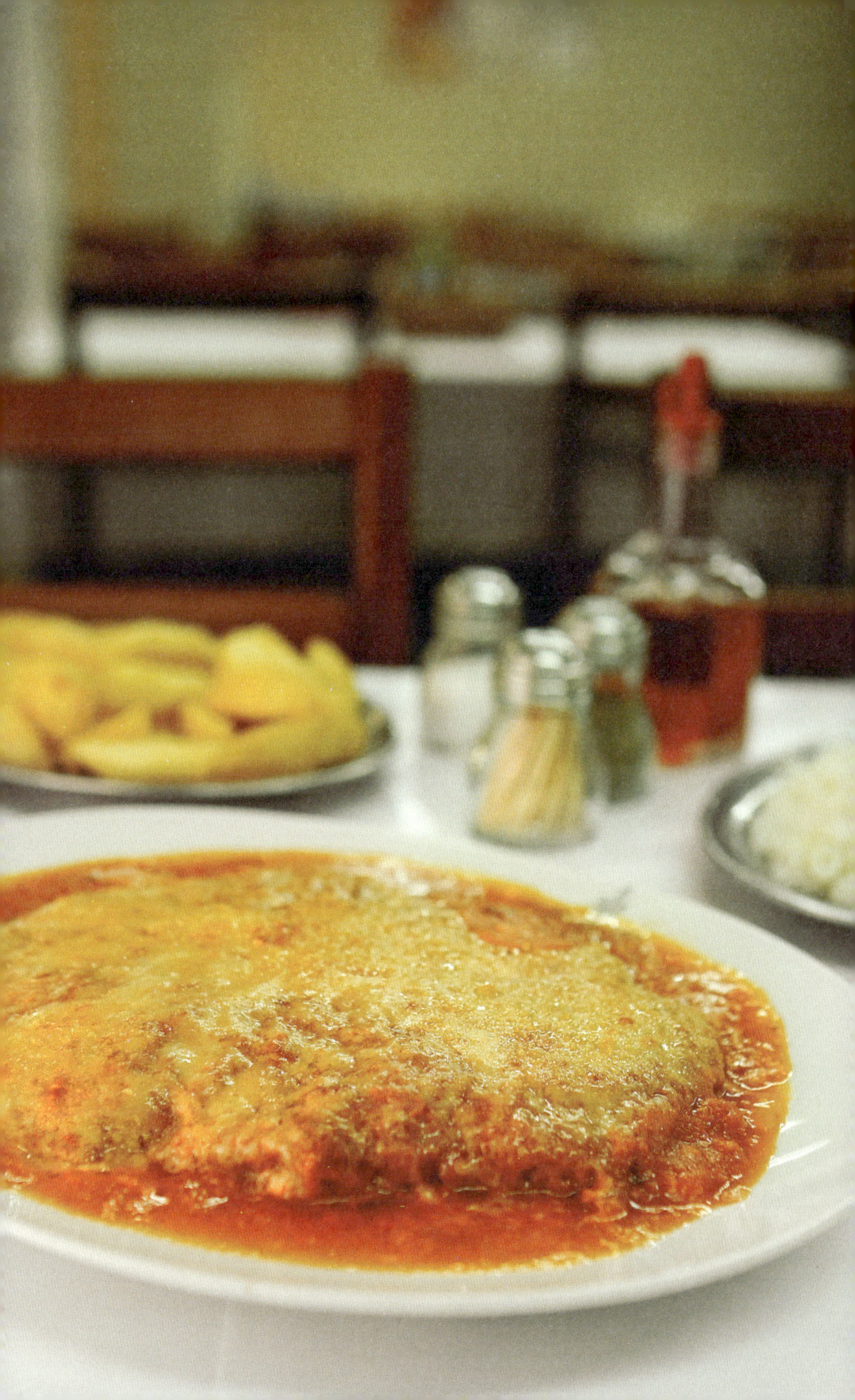

aberto em
1920 | *Fasano*

Nenhum outro restaurante da cidade está tão embrenhado no imaginário paulistano quanto o Fasano, símbolo da imigração italiana que prosperou por aqui, da transformação de um negócio de família numa marca-império – que inclusive ultrapassou os limites da cidade onde fez sua fama. É curioso que em algumas premiações o Fasano seja frequentemente reconhecido como o melhor restaurante da cidade não pelos críticos, mas pelo público, formado por pessoas que nem sequer cruzaram a porta giratória do elegante hotel homônimo em que está localizado – seja pela intimidadora aura sofisticada ou pelo alto valor da conta. Prova inconteste de que a sua reputação ultrapassou as exclusivas rodas de seus habitués e se tornou uma lenda da cena de restaurantes de São Paulo – que carrega consigo todas as suas postulações, diga-se.

O milanês Vittorio Fasano chegou aqui em 1902 para cuidar das importações de café da família. No mesmo ano, fundou a Brasserie Paulista (rebatizada de Brasserie Fasano, em 1920), na Praça Antônio Prado, dando início ao legado do clã no setor de restauração. Depois de sua morte, o filho mais novo, Ruggero, foi estudar na Escola Real de Moncalieri, na Itália, e voltou à cidade em 1937, dando continuidade ao legado gastronômico da família: reinaugurou o Fasano na Rua Vieira de Carvalho e abriu a Confeitaria Fasano, em 1949, na Rua Barão de Itapetininga. Entre as décadas de 1940 e 1960, expandiu as atividades da família em outras casas, como o Jardim de Inverno (no Conjunto Nacional), acompanhando o deslocamento do poder financeiro da cidade para a região da Avenida Paulista, depois de amargurar perdas financeiras consideráveis com a decadência imobiliária da região central.

Em 1980, Fabrizio Fasano, filho de Ruggero, junto com o próprio filho Rogério – terceira e quarta geração do clã – inauguraram um restaurante no Shopping Eldorado,

* TIPO DE COZINHA *

NORTE DA ITÁLIA

* PRATOS ICÔNICOS *

NHOQUE DE OSSOBUCO E GREMOLATA, BACALHAU ALLA LIVORNESE, TIRAMISÙ

WWW.FASANO.COM.BR/GASTRONOMIA/FASANO

sem tanto êxito. Em 1984, o Fasano foi transferido para a Rua Amauri – a Vieira de Carvalho de sua época – numa versão mais requintada e intimista (que se tornou marca dos negócios da família) e, seis anos depois, instalou-se na Rua Haddock Lobo, no bairro dos Jardins, seguindo a transformação da cidade e o fluxo do poder aquisitivo de seus moradores abastados. Em todas as suas cozinhas, o Fasano sempre prestou reverência aos clássicos italianos, sobretudo do norte, numa busca por receitas tradicionais feitas com ingredientes excelentes (e sofisticados) e máximo rigor. Alguns pratos, como a cotoletta alla milanese, o nhoque com ossobuco e gremolata e o filetto Rossini são clássicos que acompanham a história do restaurante nessas muitas décadas. Os chefs da casa têm como meta servir a tradição em sua melhor forma, mesmo que com pontuais inovações.

Mas, para além da cozinha, o principal legado do Fasano para a cena gastronômica paulistana é a sua hospitalidade – e a prova de que, junto com o ambiente, ela é tão fundamental para a experiência de um jantar quanto a comida. De tão distinta, ela ultrapassou os restaurantes e foi dar em hotéis inaugurados pela família, sob supervisão de Rogério, que deu continuidade a um sonho de seus ancestrais. O próprio endereço hoteleiro em que o Fasano está localizado desde 2002 foi uma aposta ambiciosa do restauranteur. O imponente salão dentro do prédio pode causar certa inibição a princípio, mas ela é logo quebrada pela gentileza simpática e comedida da equipe em um serviço, acima de tudo, acolhedor. Este é o maior luxo do Fasano: não importa o sobrenome, o cargo nem o saldo bancário que se tenha, ao pisar o mármore negro tudo ali faz crer que você é tão especial quanto qualquer outra pessoa que esteja na mesa ao lado. Pelo menos durante as horas de seu primoroso jantar. Está aí uma boa lenda para se acreditar – e pela qual vale a pena pagar.

★ Tiramisù ★

5 porções

para o biscoito
- 3 ovos
- 50 g de farinha
- 60 g de açúcar
- ½ fava de baunilha
- Raspas da casca de 1 limão-siciliano

para o creme mascarpone
- 150 g de mascarpone importado
- 80 g de açúcar
- 1 colher de chá de água
- 3 gemas
- 3 claras

para a montagem
- 5 xícaras de café expresso sem açúcar
- 3 colheres de sopa de chocolate amargo (80% cacau) picado
- Cacau em pó

biscoito
Bata as gemas com o açúcar, acrescente as claras batidas em neve e as raspas de limão-siciliano. Adicione a farinha, mexa bem, molde biscoitos médios e leve ao forno a 180 ºC por 10 minutos.

creme mascarpone
Coloque o açúcar em uma panela com a água e mexa até obter uma calda com aspecto de xarope. Quando a calda chegar a 116 ºC, incorpore as gemas batidas. Bata tudo até obter uma massa homogênea. Acrescente o mascarpone e logo em seguida incorpore as claras em neve bem devagar.

montagem
Molhe os biscoitos com café e cubra com o creme de mascarpone. Espalhe sobre os biscoitos o chocolate picado e o cacau em pó.

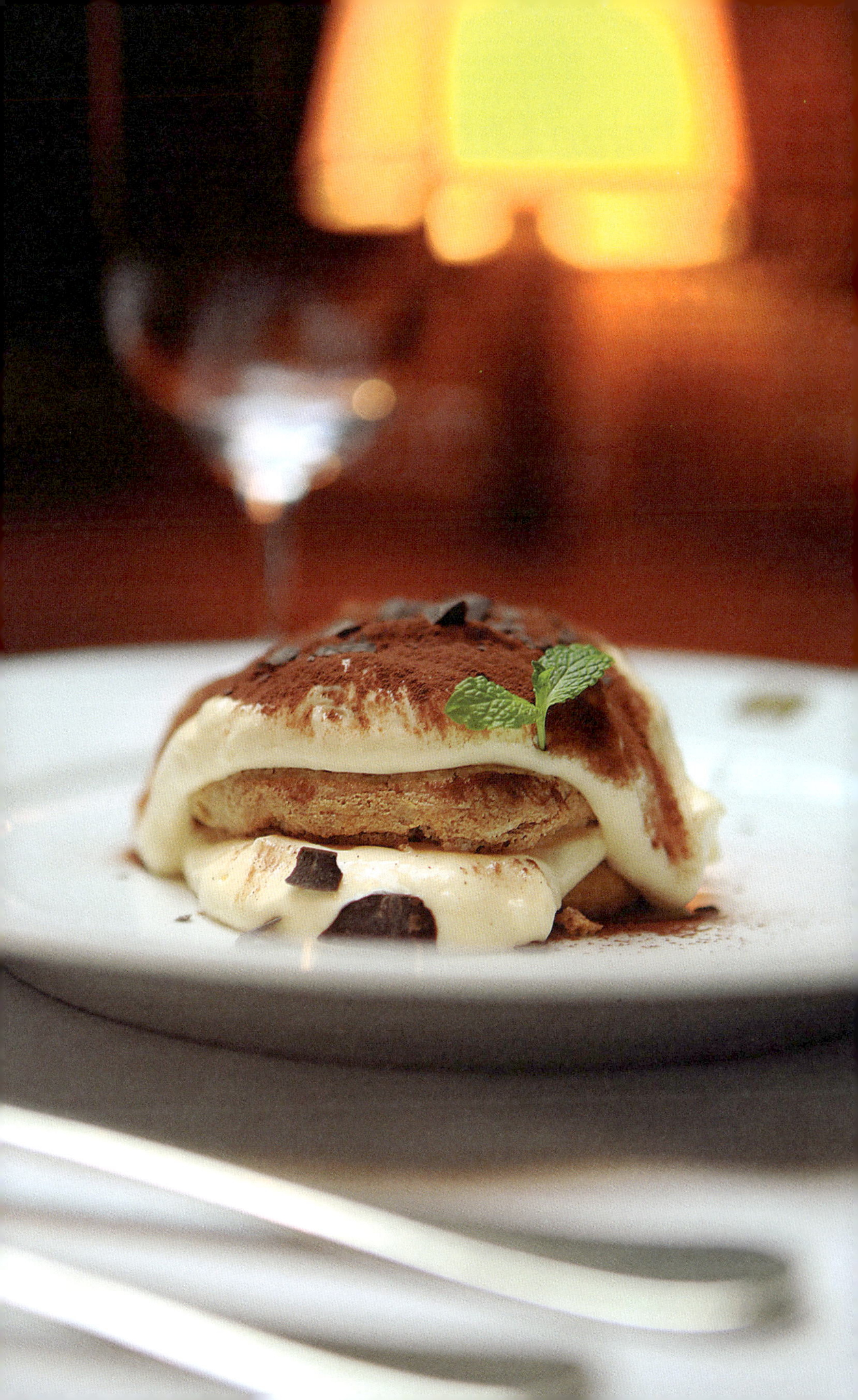

aberto em
1922

Ponto Chic

Poucos são os restaurantes capazes de criar receitas que ultrapassam todas as barreiras e se tornam conhecidas para além do lugar onde foram concebidas. Trata-se daquela sacada genial, da ideia que suplicava para vir ao mundo, da combinação que transcende a pura e simples junção de ingredientes. Pense na coxinha, no pão de queijo, no petit gateau. Seus autores não deviam ter a remota ideia da grandiosidade do que tinham nas mãos. O bauru também é uma dessas criações que já nasceu clássica e se tornou mais importante que seu criador ou o lugar onde foi criado, o Ponto Chic, inaugurado em 1922 no Largo do Paissandu – coincidentemente mesmo ano da realização da Semana de Arte Moderna em São Paulo. O local, de propriedade de Odílio Cecchini, um fervoroso torcedor e dirigente do antigo Palestra Itália, se tornou um reduto de artistas e intelectuais logo depois de inaugurado.

Um deles era o radialista Casimiro Pinto Neto, que em 1931 ingressou na Faculdade de Direito da Universidade de São Paulo, no vizinho Largo de São Francisco, e passou a ser frequentador do espaço de Seu Odílio. Apelidado pelos colegas de Bauru, em associação a sua terra natal, certo dia Casimiro pediu a um dos funcionários do Ponto Chic que lhe preparasse um sanduíche com pão francês sem miolo e queijo derretido, mas que incluísse também umas fatias de rosbife e outras de tomate "para ter um pouco de vitamina". Um amigo chegou e provou o lanche. Gostou tanto que pediu: "Me faz um igual esse aí do Bauru". A combinação fez sucesso e passou a ser replicada para vários clientes, até receber a adição de picles e orégano, tornando-se o carro-chefe da casa. Também ganhou uma versão que hoje chamaríamos de gourmetizada do tal queijo derretido: uma mistura de quatro tipos de queijo (prato, estepe, gouda e suíço) fundidos em banho-maria, para chef nenhum botar defeito.

★ TIPO DE COZINHA ★
SANDUÍCHES E PRATOS TRIVIAIS

★ PRATOS ICÔNICOS ★
BAURU, ROCOCÓ (UMA VERSÃO DO BAURU CLÁSSICO, COM GORGONZOLA E ALICHE), FRITADA, MEXIDINHO

WWW.PONTOCHIC.COM.BR

O resto é história: o bauru ganhou fama e passou a atrair jornalistas, políticos, artistas e esportistas de toda a cidade. Hoje, figura nos cardápios de padarias, lanchonetes e bares não só de São Paulo, mas do país inteiro. Localizado no mesmo endereço, o restaurante ganhou filiais (nos bairros de Perdizes e Paraíso, além de outra na cidade de Ribeirão Preto), conquistou novas gerações de clientes e continua servindo centenas de sanduíches – com a mesma preparação de 80 anos atrás, graças, principalmente, à receita de Casimiro.
Mas não se trata, aqui, de uma canção de uma nota só.

O cardápio da casa ainda oferece hambúrgueres, outros sanduíches, sopas e até pratos como o filé-mignon à parmegiana e o espetão à brasileira (com filé-mignon, lombo e linguiça de pernil). A fritada e o mexidinho ao Ponto Chic, com presunto picadinho dourado na manteiga, ovo e queijo, servido no pergaminho (uma espécie de caçarola de inox), também se tornaram especialidades da casa, mas incapazes de ombrear com o lanche que se tornou mais famoso que a cidade, que o seu morador ilustre e até mesmo que a própria casa onde nasceu.

★ Bauru ao Ponto Chic ★

1 porção

- 70 g de rosbife (peça inteira de lagarto assada em fogo alto (braseiro), deixando a carne dourada por fora e ao ponto por dentro)
- 100 g de queijo (proporções iguais de estepe, gouda, prato e suíço) derretidos em banho-maria
- 1 colher de sopa de manteiga
- 3 rodelas de pepino em conserva
- 3 rodelas de tomate
- 1 pão francês (de aproximadamente 50 g) ou outro pão de preferência (fôrma, centeio, sírio etc.)

pepino em conserva
Em um recipiente, coloque os pepinos e preencha com vinagre. Deixe em conserva por 7 dias.

queijos
Misture em proporções iguais (aproximadamente 25 g de cada um) os 4 tipos de queijos com a manteiga e transfira-os para uma travessa com água fervente, apenas o suficiente para cobri-los. Derreta os queijos mexendo-os de modo que fiquem completamente misturados e formem uma pasta homogênea.

montagem
Corte um pão francês ao meio no sentido horizontal. Retire o miolo da parte superior.
Na parte com miolo, coloque 5 ou 6 fatias de rosbife. Sobre o rosbife, coloque 3 rodelas finas de tomate e, sobre o tomate, 3 rodelas finas de pepino em conserva.
Na parte sem miolo do pão (canoa), preencha com o queijo derretido.
A parte com queijo deve ser colocada sobre a parte com o rosbife.
Corte o lanche ao meio na diagonal para saborear o verdadeiro bauru em sua forma original.

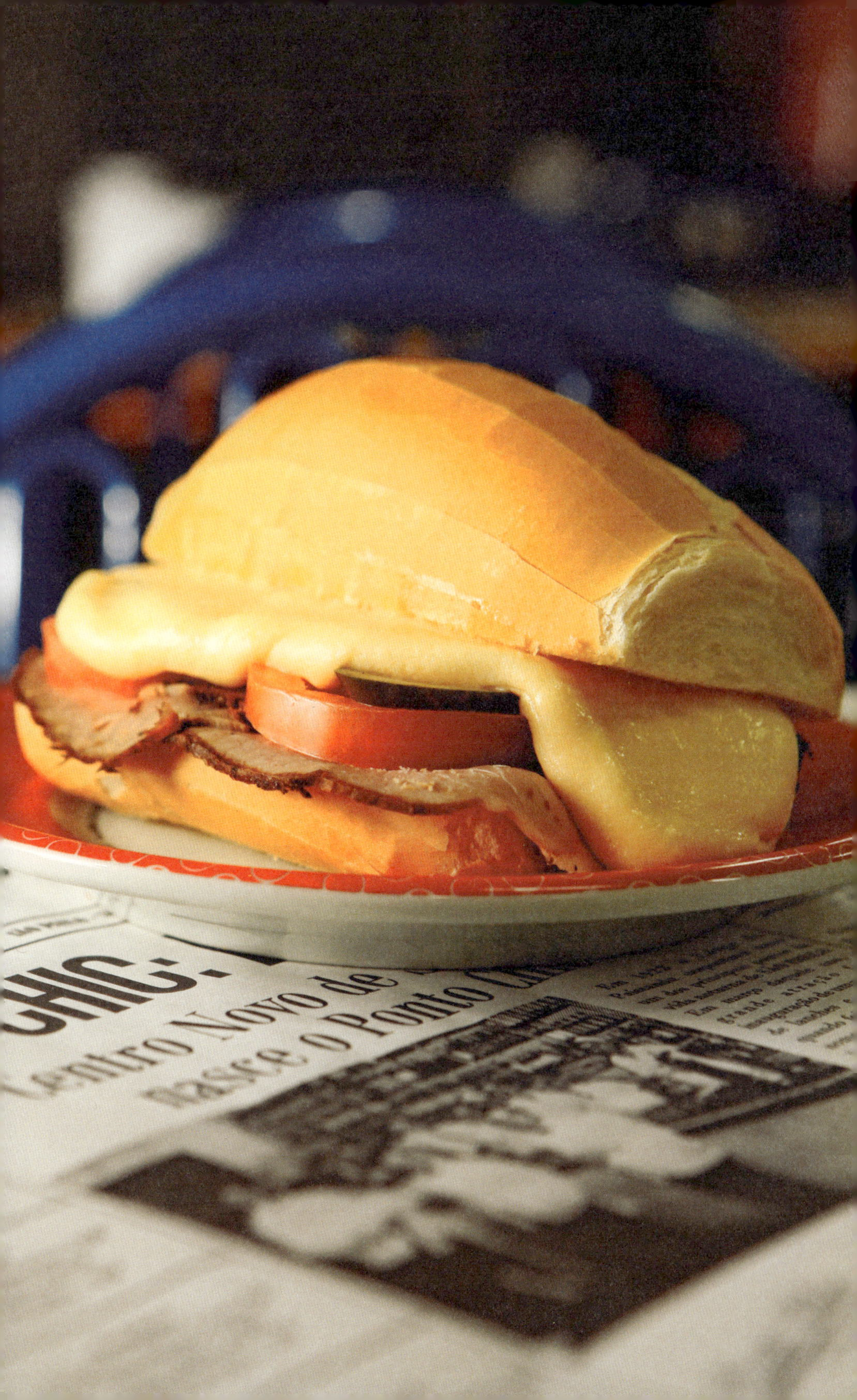

aberto em
1924

Cantina Castelões

Pode até não ter sido ali que a pizza foi servida pela primeira vez em um restaurante em São Paulo, mas historicamente trata-se do primeiro estabelecimento exclusivamente aberto para prepará-las e vendê-las na cidade. A Castelões é uma senhora pizzaria aberta em maio de 1924 no bairro do Brás, e sua inauguração não é um marco apenas por ser a casa que mais tempo permaneceu aberta produzindo a receita napolitana, mas também – e principalmente – por ter ajudado a propagar o consumo de uma comida que determinou um importante traço do hábito alimentar do paulistano. São Paulo e pizza foram apresentados um ao outro, e, desde o primeiro minuto, um verdadeiro caso de amor nasceu.

E poucos lugares são tão especiais para celebrar esse enlace quanto essa ancestral casa fundada por uma família napolitana numa região que ainda resguarda um clima de bairro de cidade do interior. O ambiente é todo cantineiro, também porque o estabelecimento muda de identidade durante o almoço, quando as pizzas dão lugar a massas e carnes. Mas sem precisar trocar de fantasia: a qualquer hora do dia, a vestimenta é a mesma – toalhas xadrez nas mesas, piso de ladrilho, vinhos pendurados, garçons de gravata-borboleta. Desde o princípio foi assim.

Outras coisas também não mudaram nem evoluíram, como a carta de vinhos e o antigo hábito de não aceitar cartões como forma de pagamento. Se não chegam a criar um charme saudoso à experiência de visitar a casa, esses detalhes pouco a atrapalham. A comida é o que vale a visita ao Brás, que infelizmente já não carrega a antiga vivacidade de bairro de lazer do paulistano. A Castelões, pizza que leva o nome da casa, feita com calabresa e mozarela, extrapolou os limites do labiríntico salão da Rua Jairo Góis e foi parar em dezenas de cardápios de pizzarias da cidade – ainda que poucas, como as da rede

* TIPO DE COZINHA *

PIZZARIA E CANTINA ITALIANA

* PRATOS ICÔNICOS *

PIZZA CASTELÕES, PIZZA MARGUERITA, CANOLLI

WWW.CASTELOES.COM.BR

Bráz, lhe concedam o crédito--homenagem. A marguerita é outra boa pedida, assim como a meia aliche, meia mozarela (chamada de pizza bianca & nera). Não há muitas opções (são só 18), e a última e "mais nova" criação data de mais de 15 anos.

No almoço, quem brilham são as massas, como o fusilli artesanal com molho de calabresa, mas há espaço no menu até mesmo para o onipresente filé à parmegiana. No final de qualquer refeição, é providencial arrematar a ocasião com uma sacripantina, um doce com chantili e cereja, ou com o famoso canolli da casa – mas é preciso dar sorte, pois nem sempre tem.

Embora haja uma nostalgia em comer ali e conversar com os atendentes que há décadas servem gerações de clientes (muitos deles até hoje vão com filhos, netos), a Castelões se mostra muito atual no seu rigor: nunca tirou os olhos da crosta da massa de pizza assada no forno (na ativa desde 1931) a quase 700 °C, que vem com a borda tostada na medida. Nem dos ingredientes que a cobrem: os tomates, o queijo, o manjericão fresco, tudo de notável qualidade. Tradição não é ficar parado no tempo – como a família calabresa Donato, que administra a casa desde 1950, quer deixar bem claro. É pegar carona nele para poder seguir sempre adiante.

★ Pizza Castelões ★

massa para 3 discos de pizza

para a massa
- 1 kg de farinha de trigo
- 560 ml de água
- 20 ml de azeite de oliva
- 10 g de sal
- 10 g de fermento biológico

para a cobertura
- Mozarela
- Molho de tomate
- Linguiça calabresa
- Orégano
- Azeite de oliva

massa
Misture o fermento e o sal até obter um líquido. Em seguida, acrescente a água e o azeite. Por último, adicione a farinha, incorporando-a ao líquido com a ponta dos dedos. Coloque a massa sobre uma superfície de pedra, sove-a e deixe-a descansar por aproximadamente 2 horas, até que cresça. Após o tempo de descanso, reparta a massa de acordo com o tamanho desejado das pizzas. Compacte então a massa, abrindo-a com bastante farinha de trigo.

cobertura
Adicione o recheio sobre a pizza – queijo, molho de tomate e linguiça calabresa, orégano e azeite, nessa ordem – e leve ao forno para assar.

DICA DO CHEF

A QUANTIDADE DE INGREDIENTES PODE VARIAR DE ACORDO COM A PREFERÊNCIA, MAS RECOMENDA-SE USAR PORÇÕES DE QUEIJO, TOMATE E LINGUIÇA SUFICIENTES APENAS PARA COBRIR A MASSA COM UMA CAMADA REGULAR, SEM AVANÇAR ATÉ AS BORDAS.

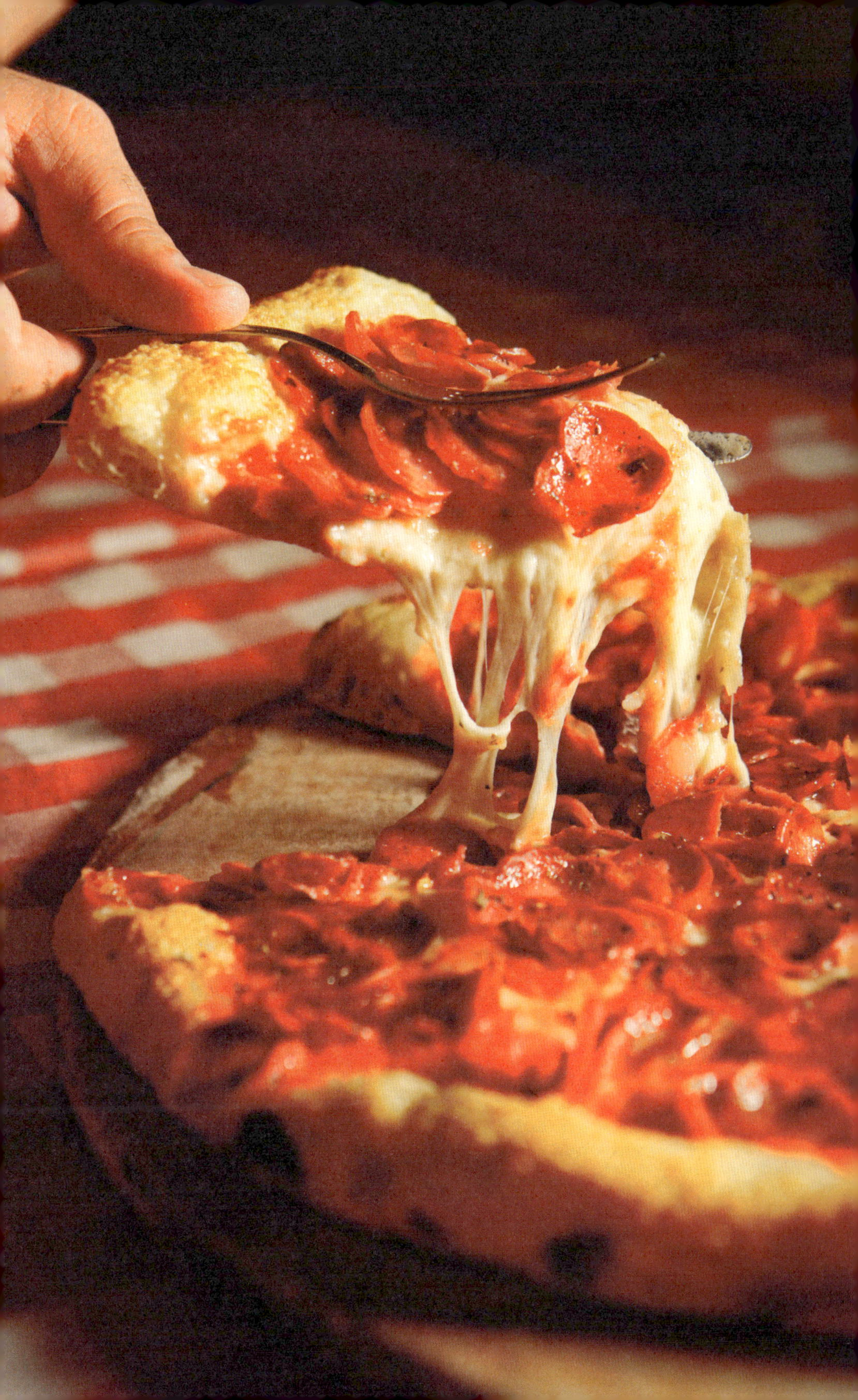

Bologna
aberto em **1925**

Em 2012, quem passava pela esquina da Rua Augusta com a Rua Marquês de Paranaguá podia imaginar que o icônico comércio que funcionou ali desde o ano de 1957 tivesse fechado, pondo fim à história de uma das mais tradicionais rotisserias da cidade. Mas para a alegria da memória de São Paulo, uma cidade que nem sempre preza suas instituições, a Bologna ficou fechada apenas para reforma e reabriu no começo de 2013, refeita e mais moderna – talvez até demais para o gosto do antigo público.

Mas o legado da rotisseria que nasceu como um bar em 1925 no Largo da Concórdia pela família italiana Trombetti (vindos, claro, de Bologna) permaneceu respeitado. Mesmo que o projeto com ares dos anos 1950 tenha dado ao elegante salão uma cara nova mais semelhante às megapadarias que se espalharam pela cidade (com piso quadriculado xadrez de preto e branco, espelhos e detalhes em dourado), algumas peças foram carregadas com o tempo e permanecem ali, como uma geladeira e uma máquina de triturar gelo, além de assadeiras, tachos e outros utensílios usados na cozinha. Permaneceram, também, alguns ícones do cardápio que fizeram a casa famosa, como os salgados (a coxa creme!) e os itens para comprar e levar pra casa, como o frango assado na televisão de cachorro e a maionese.

A Bologna ficou pouco tempo no Largo da Concórdia, mudando-se para o Vale do Anhangabaú em 1932, até ser transferida para a região da Rua Augusta, que ganhou novos ares recentemente, após ter acelerado a 120 por hora rumo a uma degradação boêmia nas últimas décadas. Mas o Baixo Augusta mudou a ponto de os novos proprietários, Gleusa e Wagner Ferreira, resolverem apostar no espaço, em nome de manter a tradição da casa.

* TIPO DE COZINHA *

ROTISSERIA, PADARIA E CONFEITARIA

* PRATOS ICÔNICOS *

FRANGO ASSADO, COXA CREME, CAMARÃO-ROSA EMPANADO, VITTELO TONNATO

WWW.BOLOGNAROTISSERIE.COM.BR

Além de rotisseria, a Bologna funciona com cardápio de almoço no salão, que abriga até 120 pessoas – incluindo, aí, as famosas mesas bistrô, como ficaram conhecidas as mesas altas com banquetas que já existiam no passado. Ganhou serviços de uma padaria dessas de hoje, com confeitaria, sorvetes, pão na chapa e misto, tudo 24 horas, como requer os tempos atuais. Entre os pratos, há opções de massas, como o tagliatelle com camarões, além de picadinho, bacalhau com alho frito e feijoada às quartas e aos sábados, todos servidos em pratos executivos, que chegam à mesa já montados na medida da fome. Mas ainda estão lá outros clássicos da casa, como o vitello tonnato, receita piemontesa com carne de vitela e molho de atum, e o indefectível cuscuz. Quem ainda comanda as receitas é, em grande parte, a brigada que há mais de décadas está à frente das preparações da Bologna, como o salgadeiro Sebastião Rodrigues Nascimento (há mais de 45 anos na casa) e seu irmão Luis (com mais de 30 anos trabalhando ali). Mesmo com a mudança de donos, parte da equipe foi mantida em prol da tradição das receitas. Luis, por exemplo, é quem tempera com sálvia, alecrim e manjericão o frango que, depois de um banho em molho de vinho branco, vai para o espeto para ser assado por horas. Seu Sebastião é o responsável pela coxa creme e o camarão-rosa empanado. Ver o rosto deles ali dá um alívio enorme para os antigos clientes, que sabem que o ambiente pode até se modernizar, mas, quanto às receitas, é melhor que continuem como sempre foram por mais de 8 décadas.

★ Ossobuco com polenta à moda italiana ★

6 porções

para o ossobuco
- 6 peças de ossobuco fresco (aproximadamente 300 g cada uma)
- 200 g de cebola cortada em cubos
- 200 g de cenoura cortada em cubos
- 200 g de alho-poró em cubos
- 1 ramo de sálvia
- 1 ramo de tomilho fresco
- 2 folhas de louro
- 50 ml de azeite de oliva extravirgem
- 100 ml de molho inglês
- Sal
- Pimenta-do-reino branca
- 1 litro de vinho tinto
- Farinha de trigo

para a polenta
- 50 g de cebola ralada
- 100 g de manteiga
- 500 g de fubá
- 1,3 litro de água
- Sal
- Queijo parmesão ralado

ossobuco
Em um recipiente, coloque todos os legumes em cubos, adicione os temperos a gosto e o vinho tinto. Misture bem e coloque sobre a carne para marinar durante 24 horas na geladeira.
Após esse tempo, retire a carne da marinada e grelhe em uma frigideira bem quente. Transfira a carne e a marinada para uma panela de pressão e cozinhe de 20 a 25 minutos após iniciar pressão. Depois de cozida, arrume a carne numa travessa.
Bata a marinada no liquidificador e volte ao fogo para finalizar e corrigir os temperos. Após iniciar fervura, despeje sobre a carne.

polenta
Frite a cebola na manteiga.
Dissolva o fubá na água fria, adicione sal a gosto e depois o transfira para a panela com a cebola frita. Mexa em fogo alto até engrossar.
Após cozido, acrescente o parmesão ralado ao fubá e mexa. Sirva com o ossobuco.

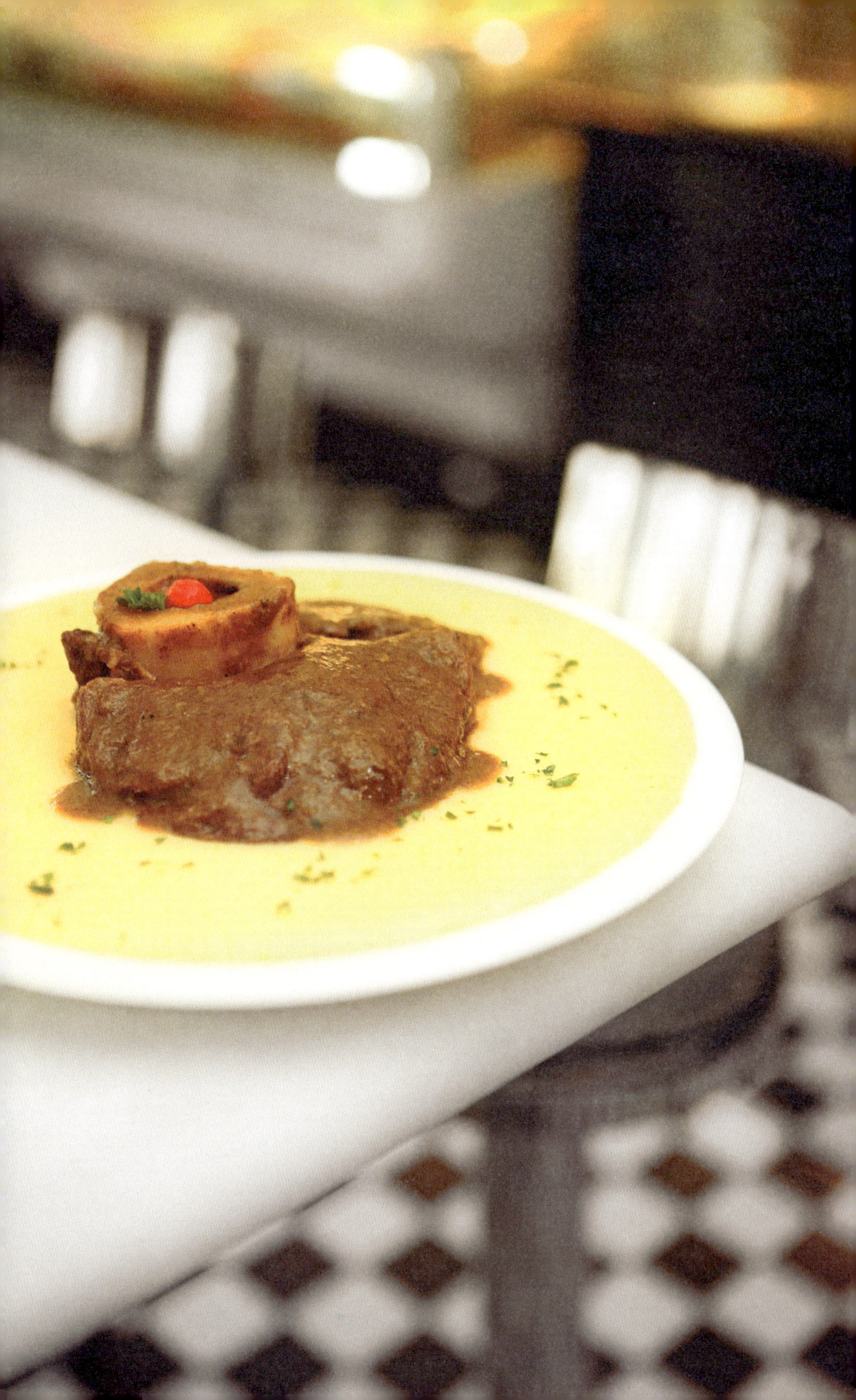

aberto em
1931

Cantina C... Que Sabe

Uma das casas pioneiras a se instalar no Bexiga, bairro que se tornou conhecido pelo grande fluxo de italianos que chegaram a São Paulo, a C... Que Sabe ajudou a formatar o conceito de cantina que se popularizou na cidade – e, depois, em todo o Brasil, o país com o maior número de descendentes de italianos no mundo. Por aqui, as cantinas se tornaram quase sinônimo de restaurantes italianos – mesmo não sendo o único padrão de casa que serve a comida no país, como provaram depois as trattorias, osterias e outros tipos de estabelecimentos. As cantinas nasceram de um modelo parecido com o que chamamos de rotisseria, em que era possível comprar massa fresca e, principalmente, os vinhos de garrafão – a tradução literal da palavra cantina é "lugar que vende vinho". Por isso, as daqui trataram de espalhar garrafas penduradas no teto, em alusão ao conceito tradicional italiano.

Com uma história iniciada em 1931 pelo italiano Francesco Stippe, que transformou inicialmente sua casa em uma pensão com boa comida para depois gravar o nome da família no ramo de restaurantes, a C... Que Sabe não só apostou nas garrafas e nas fitas com cores da Itália para decorar seu salão, como passou a pendurar na entrada fotos de seus clientes mais ilustres – algo que fez fama nas casas do gênero, uma característica que passou a determinar também o quão tradicional e representativa cada uma dessas cantinas realmente era. Frequentadas por políticos, artistas e intelectuais, elas passaram a colecionar – e ostentar – fotos das visitas que recebiam, num sinal claro de reconhecimento pela comida que preparavam. Também apostou no clima alegre das festas italianas e contratou músicos para cantar tarantela no salão, criando quase que um padrão de entretenimento nas cantinas do bairro, já que muitas começaram a fazer o mesmo, a fim de oferecer aos clientes uma experiência

* TIPO DE COZINHA *
ITALIANA

* PRATOS ICÔNICOS *
TALHARINE CALABRESA, PERNA DE CABRITO, LASANHA C... QUE SABE

WWW.CQUESABE.COM.BR

"típica" da Itália – mesmo que caricata.

A C... Que Sabe passou por uma série de mudanças de nome nesses mais de 85 anos de funcionamento e é hoje administrada por Bruno Stippe, neto do fundador. Nos anos 1970, seu pai, Roberto Gordo, como ficou conhecido na comunidade ítalo-paulistana, assumiu os negócios da família, rebatizando a cantina com o nome atual (surgido numa conversa de família sobre a decisão de onde jantar: "Onde vamos comer hoje?", "Cê que sabe...") e ajudando a formatar o estilo que a C... Que Sabe carrega até o presente. Com a morte de Roberto, há 8 anos, seu filho Bruno, que já trabalhava na cozinha, passou a cuidar também do resto, ao lado do irmão, Victor, e da mãe, Luzia, mantendo a família no ramo. Tratou de fazer algumas mudanças no cardápio, que originariamente flertava com a chamada cozinha internacional. Optou por pesar a mão na autenticidade italiana, resgatando os laços com a própria história da família, como a dos quatro avós vindos de diferentes regiões da Itália, como Sicília e Campânia. Mas os preparos tradicionais, como a perna de cabrito braseada no forno, técnica que está há 5 gerações entre os Stippe, e a lasanha C... Que Sabe, receita da avó desde 1945, com massa verde e molho rosado, continuam intactas – e são alguns dos pratos mais pedidos. Bruno, aliás, é o presidente no Brasil da Federazione Italiana Cuochi (a Federação Italiana de Chefs), órgão do governo de Milão que congrega os cozinheiros italianos pelo mundo, promovendo e divulgando as tradições e as receitas da Itália. Algo que há 5 gerações a família Stippe trata de fazer bem.

★ Gnoccone della mamma Rosa ★

4 porções

- 1 kg de batatas asterix
- 1 colher de sopa de sal
- 1 colher de sopa de manteiga
- 2 ovos
- 1 xícara de queijo parmesão ralado
- 1 xícara de farinha de trigo
- Farinha para enrolar a massa
- 250 g de presunto cozido sem gordura, cortado em fatias finas
- 250 g de mozarela cortada em fatias finas
- 500 ml de molho de tomate ao sugo
- 500 ml de molho bechamel
- 300 g de queijo cremoso do tipo requeijão
- Queijo parmesão ralado para gratinar

Cozinhe as batatas até estarem macias. Escorra, descasque e esprema as batatas ainda quentes. Junte a manteiga, misture bem com um garfo e deixe esfriar totalmente. Adicione o sal, os ovos, misture bem, amassando com as mãos, e então junte o queijo ralado e a farinha e amasse novamente. Com as mãos enfarinhadas, faça bolinhas de aproximadamente 7 a 8 cm de diâmetro, abrindo uma cavidade no centro de cada uma. Conte quantas unidades obteve. Corte o presunto e a mozarela em tirinhas, misture-os bem e divida-os na mesma quantidade de porções que tiver de "nhocão". Recheie cada bolinha e feche em seguida. Unte bem com manteiga e farinha e reserve. Em uma panela bem grande, ferva água levemente salgada e leve as bolas de "nhocão" para cozinhar. Assim que as bolas subirem à superfície, retire, escorra e reserve. Misture o molho branco (bechamel) com o molho ao sugo. Coloque as bolas de massa e o molho misturado em um recipiente e esparrame todo o queijo cremoso por cima. Por último, polvilhe com o parmesão ralado. Leve ao forno a 300 °C na prateleira mais alta, apenas para gratinar e aquecer. Sirva imediatamente.

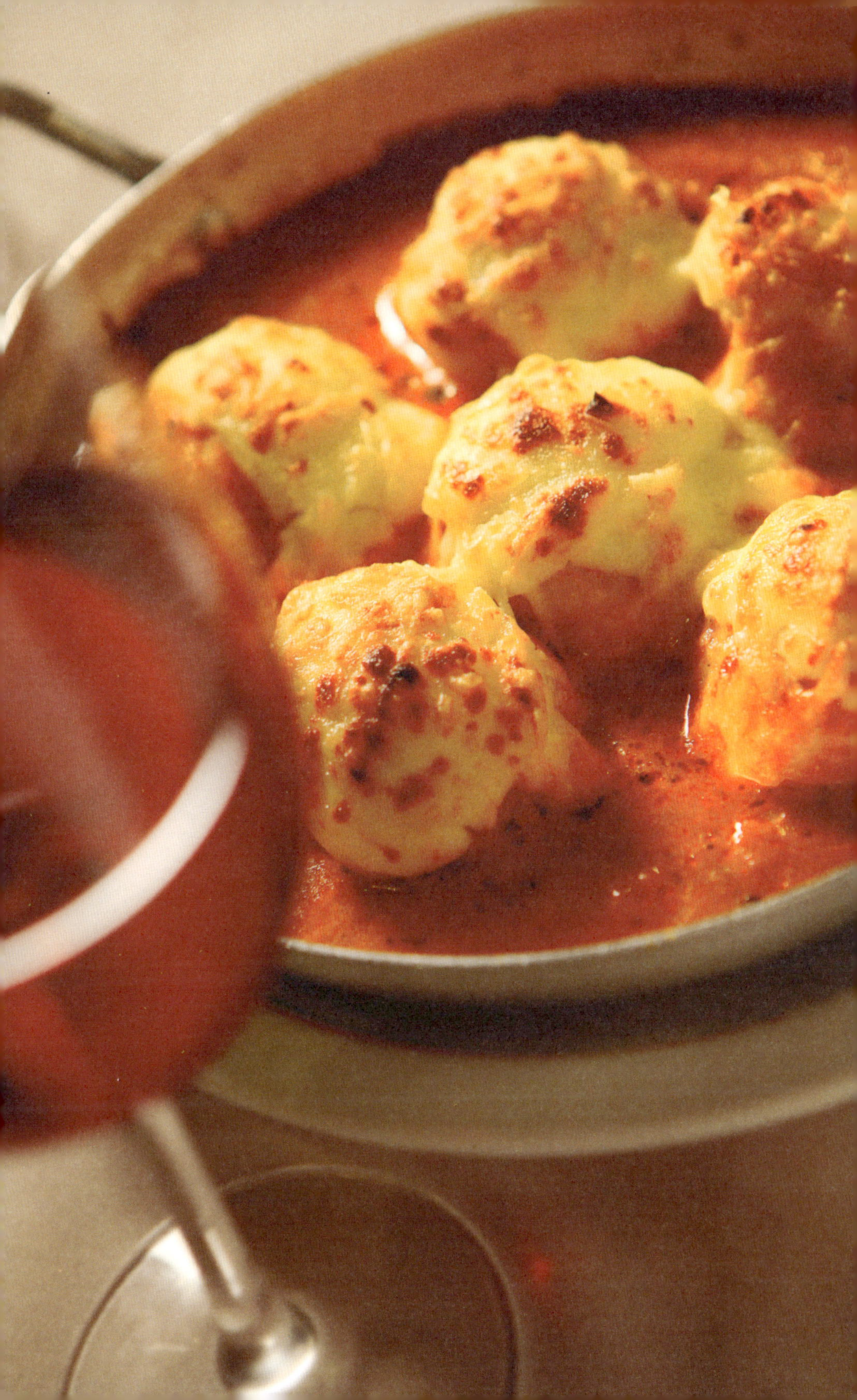

aberto em
1933

Pizzaria Moraes

Esta é uma história de amor que começou aos pedaços, não inteira. A pizza chegou ao Brasil primeiro em São Paulo, no final do século XIX, trazida pelos imigrantes do sul da Itália. Não é preciso dizer que virou uma paixão nacional e um arrebatamento paulistano ainda mais sério. O cupido responsável por esse caso, ao que se sabe, atendia pelo nome de Carmino Corvino. Foi ele quem primeiro abriu as portas de uma pizzaria na capital paulista, ainda em 1910, no bairro do Brás. Corvino chegou à cidade em 1897, mas antes de abrir seu empreendimento percorria as ruas da cidade vendendo pizza em pedaços, que carregava em um tambor com brasa fumegante para mantê-la quente depois de assá-la em forno na sua casa.

A Pizzaria Moraes, uma das pizzarias pioneiras da cidade, também nasceu assim, em pedaços. No caso dela, nos pedaços servidos no balcão da antiga Confeitaria Nova Independência, localizada em frente do Cine Teatro Arlequim, na Avenida Brigadeiro Luiz Antônio, que mais tarde se transformou no Teatro Bandeirantes. Ali, muitos artistas gravavam shows e programas que passavam na emissora de TV. Depois das gravações, atravessavam a rua até a Nova Independência para matar a fome com salgados e com os pedaços de pizza oferecidos. Elis Regina, Abelardo Barbosa (o saudoso Chacrinha), Adoniram Barbosa, Clara Nunes e outros artistas eram clientes assíduos. Mané Garrincha também sempre encostava no balcão para comer uma fatia de pizza.

Com a localização estratégica do ponto, no coração da "Broadway brasileira", e a pizza famosa entre os famosos, um grupo de sócios resolveu comprar e transformar o local em pizzaria. Em 1933, nascia a Pizzaria Moraes, que levou o sobrenome do fundador que primeiro teve a ideia de concebê-la. De lá para cá, muita coisa mudou, na TV, no entorno (os belos casarões viraram prédios,

* TIPO DE COZINHA *

VARIADA/PIZZARIA

* PRATOS ICÔNICOS *

PIZZA MARGUERITA, PIZZA PORTUGUESA, FILÉ À MORAES, FILÉ À BRIGADEIRO

WWW.PIZZARIAMORAES.COM.BR

enquanto o da Moraes continuou impávido, apesar de pequenas reformas), nos tipos de pizza servidos na cidade (massa de fermentação natural, coberturas variadas). A pizza da Moraes seguiu a mesma linha, a mesma ideologia: a marguerita com o adicional de alho frito, como pedem os clientes mais assíduos, ignorando a receita tradicional, e a portuguesa com o presunto em fatias e o ovo cozido cortado à francesa. Outras opções surgiram no decorrer dos anos, mas nada que não honre sua tradição. Por mais de 5 décadas as pizzas foram preparadas assim por Severino, pizzaiolo aposentado, mas que continua na casa, e eram servidas por Luisinho, garçom já falecido, que entrou para o Livro dos Recordes como o que mais tempo trabalhou em uma mesma casa.

Luisinho é o fio condutor de muitas das histórias da pizzaria adquirida na década de 1980 pelo descendente de portugueses Marciano Marcelo Basílio, mas que hoje é tocada por seu genro, Rodrigo Martins. Como outros garçons que dedicaram suas carreiras a essas casas tradicionais, Luisinho já atendeu na mesa gerações diferentes de uma mesma família, já atravessou a rua diversas vezes com pizza na mão para servir as chacretes, já cortou milhares de pizzas sempre com a mesma dedicação. Com a mudança de administração da família Moraes para a Basílio, algumas das histórias que ocorreram ali se perderam. Rodrigo tratou de colocar no site da pizzaria um espaço para que as pessoas pudessem relatar suas histórias envolvendo a Moraes. Numa delas, a neta de Luisinho se lembrou do avô no Dia da Pizza e registrou ali a recordação. Nesses restaurantes com décadas de legado, a história é assim mesmo: contada por diferentes vozes, sempre aos pedaços.

★ Pizza marguerita especial ★

massa para 10 discos de pizza
molho e cobertura para 1 disco de pizza

para a massa
- 2,5 kg de farinha de trigo
- 45 g de fermento fresco
- 200 ml de azeite de oliva
- 1 colher de sopa de sal
- 1 litro de água

para o molho
- 3 tomates maduros
- Alho
- Azeite
- Orégano
- Sal

para o recheio
- 400 g de mozarela de búfala
- Manjericão fresco
- Alho frito
- Azeitonas

massa
Misture todos os ingredientes, deixando para acrescentar o sal no final. Deixe a massa descansar por aproximadamente 30 minutos e depois faça bolinhas de massa conforme o tamanho desejado das pizzas. Deixe descansar por mais 20 minutos aproximadamente.

molho
Passe os tomates maduros em um moedor de carne e tempere com alho, sal, azeite e orégano a gosto. Reserve.

montagem
Abra a massa e cubra a superfície uniformemente com o molho de tomate. Acrescente a mozarela de búfala e leve a pizza ao forno até dourar. Durante esse processo, gire a massa no forno para que todos os lados da pizza fiquem igualmente assados. Em seguida, retire a pizza do forno, acrescente mais molho de tomate e leve-a novamente ao forno por mais 30 segundos aproximadamente.
Para finalizar, transfira a pizza para uma bandeja, acrescente manjericão fresco, alho frito e azeitonas e sirva.

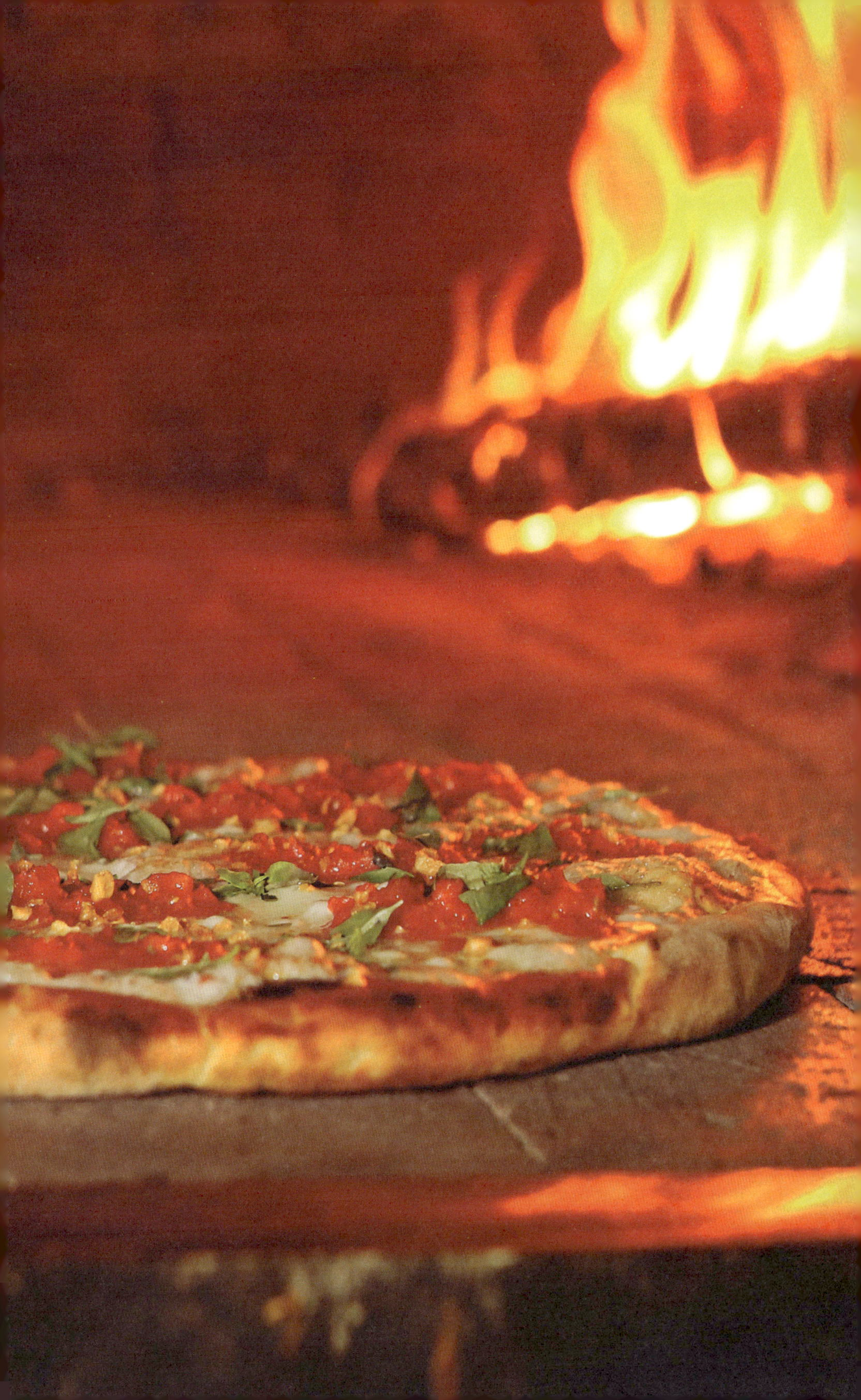

aberto em
1935 | *Di Cunto*

Um dos bairros mais antigos de São Paulo é a casa de uma das confeitarias mais tradicionais da cidade. Poucos estabelecimentos representam tanto a região em que estão inseridos: a Di Cunto respira a Mooca. E transpira também, desde que o patriarca da família, Donato Di Cunto, estabeleceu no bairro uma pequena padaria no longínquo ano de 1896, com a insistência de um italiano analfabeto que, aos 17 anos, desembarcou por engano em São Paulo e decidiu que iria prosperar na cidade – algo que desde aqueles tempos exigia muito trabalho. O plano era ter seguido com o navio que o levaria de Nápoles até Montevidéu, onde a mãe tinha parentes. Confundiu-se e desceu no porto de Santos achando que tinha já chegado à capital uruguaia. Mesmo sem saber falar nada da língua e sem a mínima ideia de como voltar, decidiu ficar. Trabalhou na cidade litorânea por um tempo até vir para São Paulo.

A padaria na Rua Visconde de Parnaíba foi só o primeiro passo. Com as coisas dando certo, comprou um terreno e construiu um sobrado para abrigar a família (ele teve 10 filhos) na parte de cima e o comércio embaixo. Alguns anos depois, voltou para a Itália e fechou a padaria, reinaugurada quase 40 anos depois pelos filhos que ficaram aqui e decidiram recuperar o casarão e a atividade do pai. A Di Cunto foi oficialmente aberta em 1935 como Fábrica de Biscoitos e Panificadora Irmãos Di Cunto. Além de pães e doces italianos, os irmãos compraram um furgão para fazer entregas em domicílio – algo totalmente inovador para a época. A partir de então foram seguindo: adquiriram um novo forno, sofreram com os tempos difíceis da Segunda Guerra (e o preço do trigo altíssimo), se recuperaram e passaram a expandir os negócios. A primeira loja, aberta na Rua Augusta em 1957, vendia os produtos feitos na fábrica. Três anos depois, ela foi transferida para a Rua Borges de Figueiredo, onde fica até

* TIPO DE COZINHA *

PADARIA, CONFEITARIA, ROTISSERIA E RESTAURANTE COM ACENTO SICILIANO

* PRATOS ICÔNICOS *

CANELONE DE RICOTA, FUSILLI COM BRACIOLA, COXINHA, CANNOLI, SFOGLIATELLA

WWW.DICUNTO.COM.BR

hoje a sede, e nunca mais saiu de lá. A Di Cunto cresceu como padaria, confeitaria, rotisseria. Produz de pães a coxinhas, de cannolis (deliciosos) a zeppolas (massa frita recheada com creme de confeiteiro), de antepastos a panetones (que são vendidos o ano todo, e não apenas no Natal). A família inaugurou três filiais pela cidade e construiu um restaurante, que serve diariamente pratos que usam principalmente as massas artesanais feitas ali, que também podem ser levadas pra casa, como o fusilli, o tortellini recheado de frango e o canelone de ricota. Também há carnes, como o filleto alla parmiggiana e o frango alla pizzaiola, servidos à italiana, com fartura. O salão é eficiente e moderno, mas o apreço nas preparações e o cuidado com os ingredientes mantêm a aura das pequenas casas mantidas pelas famílias tradicionais do passado. Talvez tenha sido esse o grande segredo da octogenária Di Cunto: manter o negócio familiar em sua essência. Com a morte dos irmãos que a fundaram (os filhos do patriarca Donato), os herdeiros (netos e bisnetos) é que seguem na lida. Gabriel, aos 24 anos, é o primeiro Di Cunto a trabalhar no árduo cotidiano da cozinha – estudou gastronomia e ainda é assistente do chef de confeitaria, importado diretamente de Nápoles para manter as preparações dos doces o mais fiel possível (da sfogliatella ao panforte). Tradição e transpiração: a receita da família moquense parece ter funcionado bem nessas 8 décadas.

★ Torta Regina ★

10 porções

para a torta
- 1 pão de ló de 25 cm
- 250 ml de calda
- 700 g de creme patissier
- 1 kg de creme chantili
- 30 unidades de carolinas

para a cobertura
- 1 kg de açúcar
- 300 ml de água
- 30 ml de glicose

para a calda
- 1 litro de água
- 1 kg de açúcar
- 50 ml de aroma de rum

calda
Coloque partes iguais de água e açúcar na panela. Mexa bem e ligue o fogo em seguida. Desligue o fogo quando a água começar a ferver. Reserve e deixar esfriar.
Misture 50 ml de aroma de rum.

cobertura
Coloque o açúcar na panela e, em seguida, acrescente água aos poucos, até que se forme uma textura cremosa (misture com as mãos). Em seguida, limpe a borda interna da panela, para não prejudicar o resultado final do caramelo. Em fogo alto, depois que começar a ferver e a aparecer a formação de espuma na superfície, espere até que o caramelo diminua para acrescentar a glicose aos poucos. Nessa etapa, não mexa o caramelo. Desligue o fogo assim que ele começar a amarelar.

montagem
Corte um pão de ló ao meio, umedeça uma das partes com a calda e espalhe o creme patissier com uma espátula. Por cima, cubra com uma camada de chantili.
Corte as carolinas ao meio e recheie com chantili. Arrume-as sobre o bolo e feche cada uma delas. Despeje a cobertura sobre o bolo usando uma "escova" de confeitar.

DICA DO CHEF

AS RECEITAS DA DI CUNTO DE CREME PATISSIER, PÃO DE LÓ, CHANTILI E CAROLINAS SÃO APROPRIADAS PARA EXECUÇÃO EM AMBIENTE INDUSTRIAL. ORIENTAMOS O LEITOR A BUSCAR AS RECEITAS CASEIRAS OU PROCURAR POR ESSES PRODUTOS PRONTOS NO MERCADO.

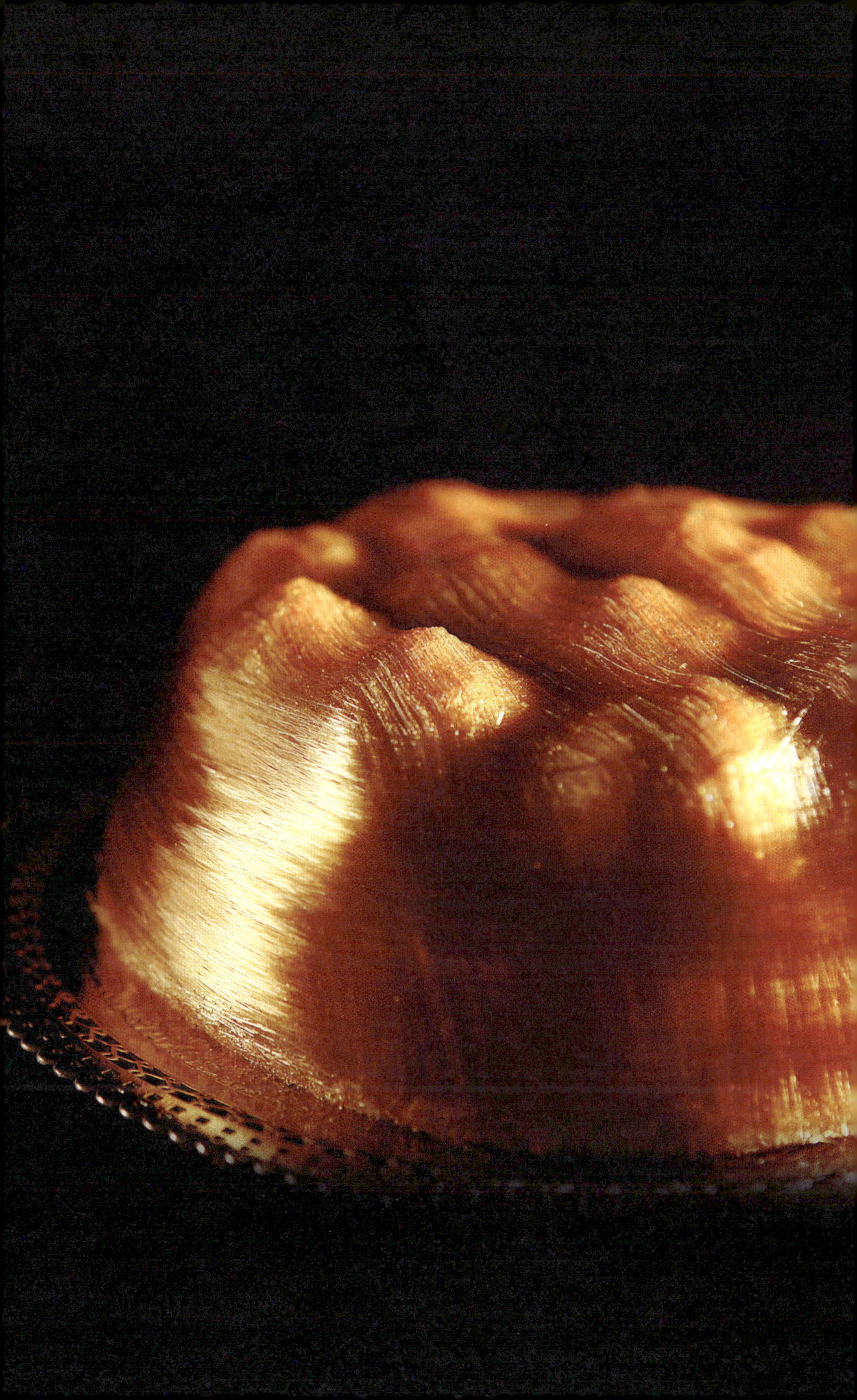

aberto em
1935 | *Freddy*

É o mais antigo restaurante gaulês em funcionamento na cidade – a inauguração data do ano de 1935, quando a cozinha francesa já dominava a alta gastronomia, tornando-se a grande referência para restaurantes do mundo todo. À época, o Freddy já servia clássicos da *ancienne cuisine* com uma proposta sofisticada, ambiente classudo, lustres de cristal, louças imponentes e um serviço cheio de formalidades. Não só porque chegou antes, mas também porque soube manter a barra de padrão no alto em todos os requisitos que fazem um grande restaurante, acabou conquistando a simpatia dos paulistanos numa época em que seus frequentadores vestiam elegantes paletós e cobriam a cabeça com chapéu.

Mas chama a atenção, ainda hoje, as opções do cardápio serem servidas como antigamente, em receitas que perderam espaço em muitos restaurantes, mas que ali continuam impávidas e resistentes a qualquer ostracismo gourmet. É o caso do blinis de caviar, das tripas à moda de Caen (a dobradinha à francesa, deliciosa especialidade da Normandia), da língua ao molho madeira com champignons e purê, da vichyssoise servida quente ou fria, ao gosto do cliente. Foi em casas assim, aliás, que se instituiu que cliente tem sempre razão. Não tem, é claro; mas tratava-se de mais uma etiqueta de hospitalidade para torná-lo o centro das atenções, contribuindo para uma experiência inesquecível de jantar – algo que, menos para o bem que para o mal, acabou caindo em desuso nos restaurantes moderninhos.

De volta à cozinha, as receitas foram por quase 50 anos preparadas ali por um dos exímios cozinheiros da cidade, o Leléu, apelido de Geraldo Rodrigues, que passou o bastão para Pedro Santana, o atual chef, que coleciona mais de 20 anos de casa. Saem de suas mãos, também, alguns pratos que se tornaram clássicos em São Paulo, como o ignorado, mas sempre reconfortante,

★ TIPO DE COZINHA ★
FRANCESA CLÁSSICA

★ PRATOS ICÔNICOS ★
FILÉ À CHATEAUBRIAND, SOPA DE CEBOLA, ESTROGONOFE, MIL FOLHAS

WWW.RESTAURANTEFREDDY.COM.BR

estrogonofe, flambado ao conhaque, *comme il faut*, e o altíssimo filé à Chateubriand, servido com três tipos de molho para acompanhar: queijo roquefort, bérnaise ou Périgourdin, uma mistura de molho madeira, cogumelo-paris e patê de fígado. Mesmo com as mudanças de endereço – foram quatro nesses mais de 80 anos, entre o Centro, onde nasceu, e o Itaim, onde permanece há 65 anos – e de donos, o Freddy se manteve como muitas de suas receitas: alheio ao tempo e sustentado pela tradição. Seria essa a melhor definição de clássico?

★ Coq au vin ★

4 porções

- 1 galo grande
- Sal
- Pimenta-do-reino
- Tomilho
- Folha de louro
- 2 dentes de alho
- 1 cebola picada
- 2 cenouras pequenas cortadas em rodelas
- 1 talo de salsão
- 1 litro de vinho tinto seco
- 5 cebolas-pérola
- 2 colheres de sopa de amido de milho
- 30 ml de água ou leite

Corte o galo em pedaços, arrume-o em uma recipiente com todos os temperos, as cenouras, o salsão e o vinho. Deixe marinar de um dia para o outro. No dia seguinte, retire o galo e reserve a marinada. Frite os pedaços de galo até que fiquem dourados. Coloque a marinada sobre os pedaços de galo e acrescente 2 litros de água. Cozinhe em fogo baixo até ficar no ponto. Refogue a cebola à parte e, depois, acrescente na panela com o galo. Antes de servir, dilua o amido de milho na água ou no leite, junte ao caldo do galo e desligue o fogo quando engrossar. Sirva com purê de batatas ou arroz branco.

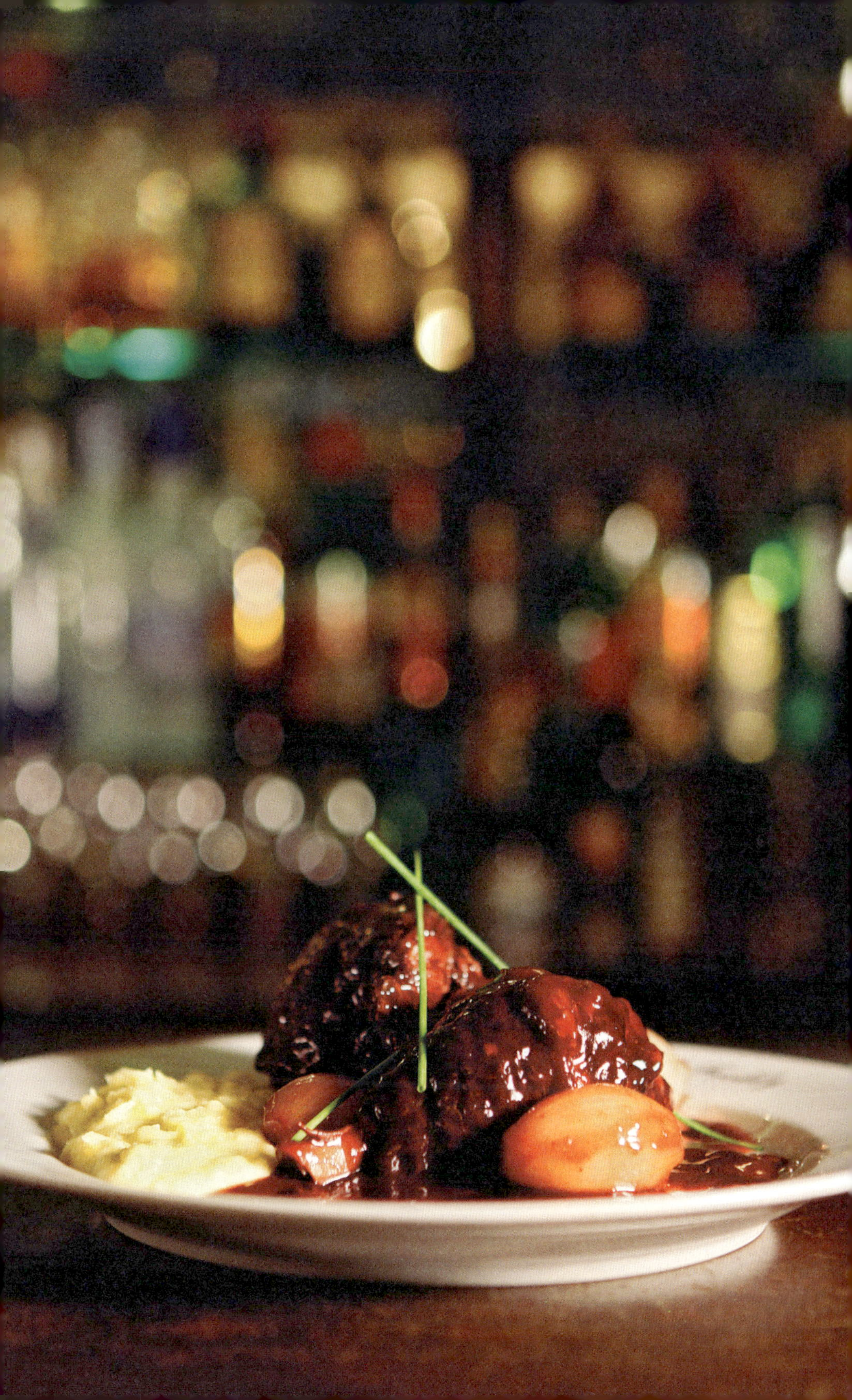

aberto em
1939

Pizzaria Bruno

O Largo da Matriz é o epicentro da Freguesia do Ó, um dos bairros mais antigos de São Paulo. A praça em volta da Igreja de Nossa Senhora do Ó, construída em 1901, após a primeira matriz ser destruída em um incêndio, guarda o clima de cidadezinha do interior, onde os moradores costumam se reunir aos fins de semana após as missas, nos fins de tarde, para ver o dia passar, nas festas do bairro, como as quermesses e comemorações religiosas que inescapavelmente acontecem ali. Estão em volta do largo, também, alguns dos principais pontos do bairro, que carrega a denominação de "Freguesia" desde o longínquo ano de 1796, quando de um decreto de Dona Maria I, rainha de Portugal.

A variedade culinária é um dos grandes atrativos do local, com diversos bares e restaurantes. A Pizzaria Bruno está entre as mais antigas abertas na cidade. Fundada em 1939 por Bruno Bertucci e João Machado de Siqueira, conhecido como Jango no bairro, até hoje funciona exatamente no mesmo lugar, na construção de número 87. No começo, não passava de um barracão de madeira e teto de zinco onde as primeiras pizzas saíam do forno a lenha atiçando a vizinhança – antes delas, aliás, Bruno até tentou vender outros tipos de comida, como polenta com frango, mas foi a pizza que fez a fama do endereço, reunindo moradores, boêmios e visitantes até hoje.

O salão interno é um convite para regressar à São Paulo dos anos 1940: o piso de ladrilho, a parede e o teto cobertos por lambris, as cortinas de voile nas janelas, o bar espelhado, as arandelas nas paredes. Há também uma área externa com mesas na calçada para os que querem apreciar o vai e vem do bairro. Chope gelado acompanha.

Da fundação da casa até hoje, a pizza servida ganhou muito mais opções de sabores nas coberturas do que as tradicionais mozarela e aliche, que eram as duas únicas opções. Com o

✦ TIPO DE COZINHA ✦

PIZZARIA

✦ PRATOS ICÔNICOS ✦

PIZZA DE MOZARELA, PIZZA DE ALICHE, PIZZA DE CAMARÃO COM CATUPIRY®

LARGO DA MATRIZ DE NOSSA SENHORA DO Ó, 87 – FREGUESIA DO Ó

tempo, vieram novas combinações, como a calabresa, a portuguesa e a de camarão com catupiry® – esta última um clássico absoluto da Bruno. Na comemoração dos 70 anos da casa, os descendentes dos sócios, que ainda hoje tocam o estabelecimento, decidiram criar uma pizza especial, a que chamaram de Bruno, com calabresa artesanal moída, rodelas de tomate, cebola e azeitonas, tudo sobre a massa bem crocante – segredo do sucesso da casa –, que é assada e grelhada ao mesmo tempo para ganhar a textura.

O triunfo duradouro da Bruno se deve a uma combinação arrebatadora: comida e localização – a pizza, paixão paulistana, é muito bem tratada ali, ao mesmo tempo em que o cliente tem a rara chance de lembrar que São Paulo é muito mais do que grandes prédios, buzinas e estabelecimentos gastronômicos sem alma. Ali, onde os garotos do bairro tomavam conta dos carros em troca do dinheiro da matinê e os táxis traziam mais e mais clientes para ganhar uma boa comissão, a Bruno foi construindo sua história, transformando-se em um grande orgulho da Freguesia – e um absoluto sucesso de freguesia.

★ Pizza Reinaldo ★

massa para 7 discos de pizza
cobertura para 1 disco de pizza

para a massa
- 1 kg de farinha de trigo
- 20 g de fermento biológico
- 500 ml de água
- 1 colher de sopa de sal
- ½ copo americano de óleo

para a cobertura
- Molho de tomate
- 13 fatias de mozarela
- 120 g de atum ralado
- 200 g de palmito picado
- 3 ovos cozidos fatiados em rodelas
- Orégano

Junte todos os ingredientes da massa, exceto o óleo, que será usado para fritar a pizza. Bata a massa à mão. Quando ela ficar bem uniforme, estará no ponto. Deixe descansar por 1 hora. Divida a massa em sete partes e abra cada parte com um rolo de macarrão e reserve. Esquente o óleo numa frigideira. Quando estiver quente, coloque a massa da pizza e acrescente os ingredientes da cobertura na ordem em que estão descritos. Após montada e pré-frita, leve a pizza para finalizar no forno alto por cerca de 2 minutos. Sirva a seguir.

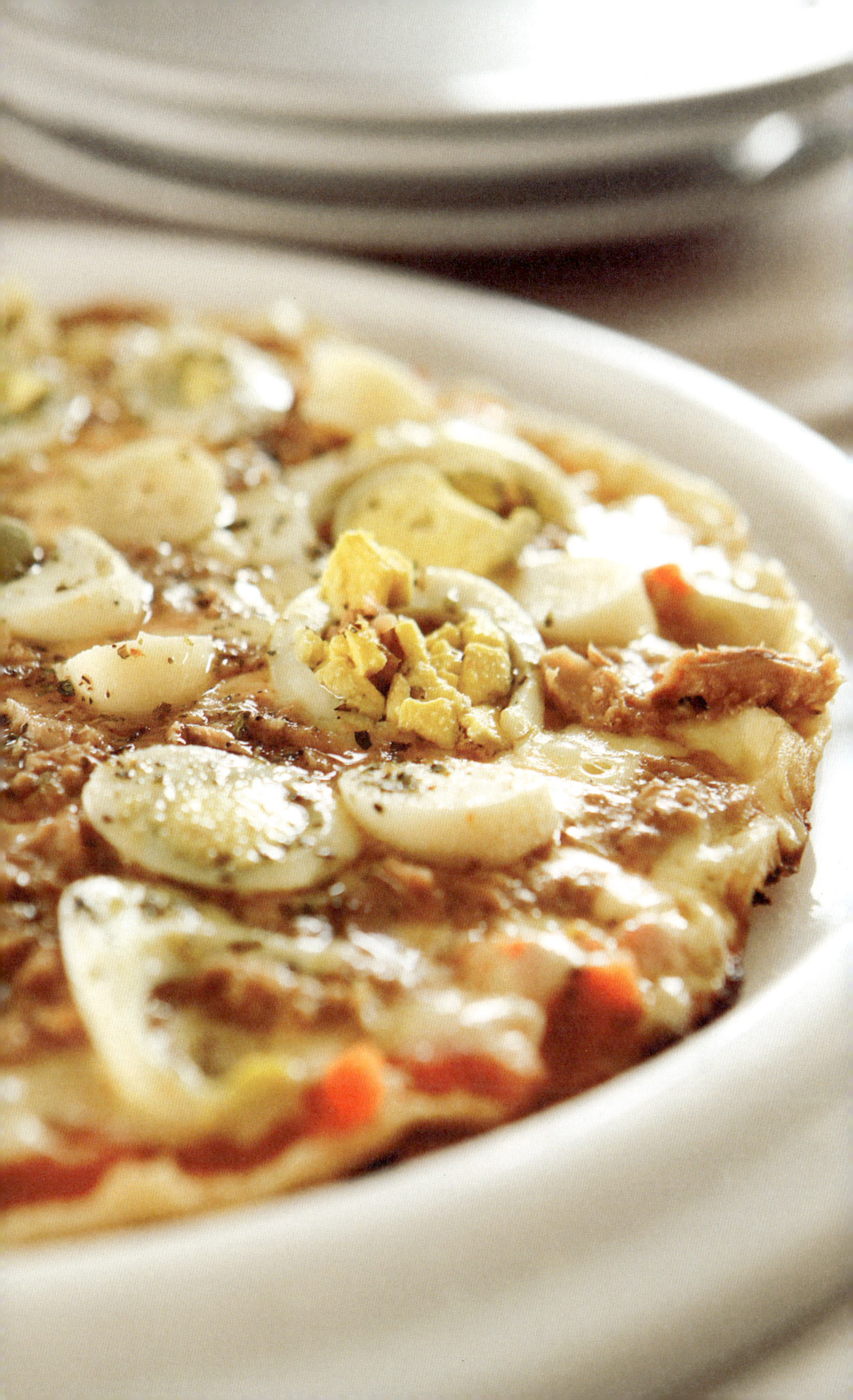

aberto em
1940

Itamarati

Parece até uma anedota, mas quando o português Adriano Diniz dos Santos chegou ao Brasil, o primeiro emprego que conseguiu encontrar foi em uma padaria. Em seu país natal, trabalhava numa loja que vendia diversos artigos para sapateiros. Aqui, sem a mesma tradição do ofício, restou-lhe trabalhar na padaria de patrícios. Por alguns anos, tinha a incumbência de entregar os pães frescos nas residências da cidade – quando isso, muito mais que uma simples comodidade, era um costume corrente à época. Adriano juntou então dinheiro e adquiriu umas cotas de um bar na Praça da Sé. Passados alguns anos, tornou-se sócio do Itamarati, restaurante aberto em 1940, na Rua José Bonifácio, ao lado do Largo São Francisco, vizinho da Igreja de São Francisco e da Faculdade de Direito, que compõem um dos mais antigos conjuntos da arquitetura religiosa de São Paulo. Até hoje está à frente do negócio, junto com o sócio Oscar Souza: os dois se revezam nas visitas, seguindo a lógica de que o olho do dono é que faz com que as coisas caminhem bem por ali.

Não demorou para o Itamarati se tornar reduto oficial de alunos, advogados, juízes e promotores. Um lugar em que é possível encontrar muitos deles quando não estão em audiências ou dentro das salas de aula. O restaurante acompanhou a evolução do hábito da tradicional "pindura" todo dia 11 de agosto, data em que é comemorada a inauguração da faculdade, quando os profissionais de Direito vão a bares e restaurantes, consomem e penduram a conta. Muitas vezes, Seu Adriano, hoje com 92 anos, chegou a fechar o restaurante só pra eles. O Itamarati também já foi palco de inúmeros trotes aos calouros recém-chegados à faculdade – uma vez um grupo de alunos chegou a entrar pelo restaurante puxando um jegue. O que não se faz para agradar os clientes?

No caso do Itamarati, a comida também sempre agrada: o cardápio de "cozinha variada" (termo que se tornou comum nos redutos

* TIPO DE COZINHA *

VARIADA

* PRATOS ICÔNICOS *

VIRADO À PAULISTA, FILÉ À ITAMARATI, BACALHAU À PORTUGUESA

RUA JOSÉ BONIFÁCIO, 270 – CENTRO

mais tradicionais da cidade) congrega clássicos que vão do filé à parmegiana à pescada grelhada, e os acompanhamentos podem ser pedidos à escolha do freguês. O filé à Itamarati leva como acompanhamentos batata frita e ovo estalado, numa intersecção luso-brasileira. Como pede a tradição lusitana do proprietário, o bacalhau ultrapassou os limites da sexta-feira, seu dia habitual, para ganhar o cardápio irrestritamente: as variações vão do bacalhau ao forno, com molho, ao peixe servido à portuguesa. De resto, os especiais do dia seguem o cronograma oficial paulistano, que cunhou nos restaurantes dias específicos para se servir alguns pratos, sabe-se lá muito bem por quê. A feijoada continua às quartas, o nhoque às quintas, às vezes revezando com a picanha na chapa.

Às segundas-feiras, claro, é dia de virado à paulista, a receita consagrada no século XIX que ganhou os restaurantes populares dos séculos XX e XXI, permanecendo como o prato oficial do trabalhador paulistano: sabor e "sustância" reunidos numa refeição completa de bisteca, tutu de feijão, arroz, banana empanada, linguiça frita, couve picada e um bom torresmo.

Poucas comidas têm tanto a cara da cidade. Diz-se que a receita surgiu espontaneamente como comida dos bandeirantes, que, carregada por longas distâncias, ia chacoalhando e se virando dentro dos farnéis. O nome veio daí. Há quem jure que tenha influência portuguesa, mas muitos especialistas e o próprio Seu Ricardo desconhecem o passado lusitano da receita. É paulista, ora pois! Constituída na tradição da sua capital, é saboreada até hoje em tantos restaurantes da cidade que, como o Itamarati, a elevaram ao patamar de patrimônio de São Paulo. Só falta mesmo uma lei que a institua dessa forma. Bem que os juristas assíduos podiam se organizar pra isso...

★ Bacalhau no forno ★

2 porções

- 2 postas de bacalhau dessalgadas
- 4 tomates picados
- 2 cebolas picadas
- 1 dente de alho picado
- 1 pimentão vermelho em tiras
- 6 batatas bolinha
- Grão-de-bico cozido

Em uma panela aqueça o azeite e refogue a cebola, o alho e o tomate. Reserve o molho.
Arrume as postas de bacalhau em uma cumbuca de barro e leve ao forno alto por 15 minutos.
Acrescente o molho de tomate, o grão-de-bico, o pimentão cortado e as batatas previamente fritas e sirva.

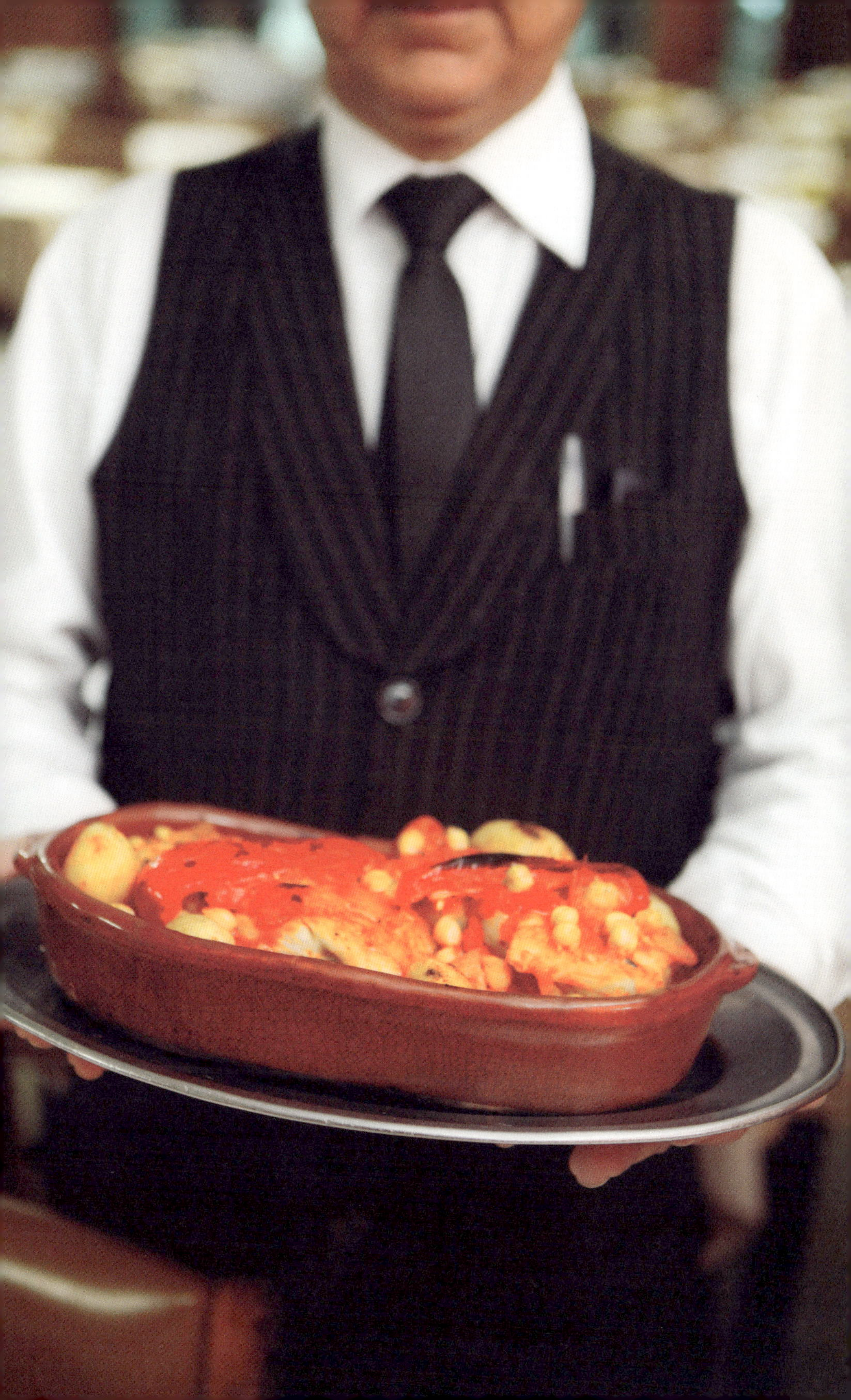

aberto em
1942

Cantina do Marinheiro

Foi o primeiro restaurante a "atracar" em uma cidade que, curiosamente, fica a mais de 100 quilômetros do litoral. Poderia ser esse o resumo da história da Cantina do Marinheiro, inaugurada em 1942, no bairro do Brás. Mas os fatos são curiosos demais para serem ignorados. O navio cruzeiro SS Conte Grande foi lançado pela Lloyd Sabaudo Line em 1927 para fazer o trajeto do Atlântico Norte entre o porto de Gênova, na Itália, e Nova York, nos Estados Unidos. Seis anos depois de ter feito sua viagem inaugural, a embarcação foi transferida para a rota da América do Sul. Em 1940, o transatlântico estava embarcado em Santos, conforme sua programação regular, quando Benito Mussolini atacou a França, no dia 10 de junho daquele ano.

A tripulação italiana que trabalhava no navio ficou detida no porto de Santos, já que a embarcação não podia sair dali, por exigência do governo brasileiro. Dois anos depois, o Conte Grande foi transferido para a Marinha brasileira, que substituiu toda a tripulação italiana. Muitos dos tripulantes, sem condições de voltar à Itália, passaram a viver aqui. Três cozinheiros que trabalhavam preparando a comida dos cerca de 7.800 passageiros embarcados aproveitaram para conhecer o país e, em uma viagem para São Paulo, se apaixonaram pela cidade. Tiveram a ideia, então, de inaugurar por ali uma cantina, aproveitando a dominação dos italianos do mercado de restaurantes na capital paulista nas décadas de 1920 e 1930 – impulsionada pelo progresso urbano que a indústria trouxera. Assim nasceu a Cantina do Marinheiro, primeiro na Rua do Gasômetro, depois transferida para a Radial Leste, quando foi vendida pelos italianos para um trio de sócios espanhóis na década de 1970. Em 1993, a casa ganhou uma filial em Moema.
Desde o começo, a proposta foi servir peixes e frutos do mar com clima de cantina, algo que se

* TIPO DE COZINHA *
FRUTOS DO MAR

* PRATOS ICÔNICOS *
CALDEIRADA À MARINHEIRO, CAMARÃO À GREGA, TAINHA RECHEADA

WWW.CANTINADOMARINHEIRO.COM.BR

mantém até hoje no salão amplo e muito iluminado, com decoração na linha memorabilia marítima: boias salva-vidas e cordas com nós de marinheiro na parede, molduras com quadros de navios e outras embarcações por todos os lados. O menu foi criado para agradar famílias, quase tudo para ser compartilhado, como a caldeirada à marinheiro, com peixe, lulas, camarões, vôngoles e mariscos com molho saboroso. A tainha recheada de farinha de milho e camarões é caprichada, enquanto o bolinho de bacalhau é sequinho e macio, mais parecendo uma croqueta espanhola, influência dos novos donos. Os ingredientes, garante o gerente, chegam com o máximo de frescor possível para uma cidade que está a, no mínimo, uma hora do litoral. Os fornecedores são os mesmos de alguns dos melhores restaurantes japoneses da cidade – um bom sinal. Mesmo que a atmosfera seja datada e os pratos sejam os mesmos há 7 décadas (como a pescada com purê de batata, por exemplo), é uma boa experiência gastronômica de volta ao passado – a bordo de um senhor transatlântico.

★ Bacalhau à portuguesa grelhado ★

2 porções

- 600 g de lombo de bacalhau Porto Morhua (2 postas de 300 g cada uma)
- 1 brócolis
- Batatas pequenas
- 2 ovos
- 1 pimentão vermelho
- 1 cebola
- Salsinha
- Azeite de oliva extravirgem
- 4 dentes de alho picados
- Azeitonas pretas

Grelhe as postas de bacalhau regando com azeite. Refogue o brócolis com azeite e 1 dente de alho. Prepare as batatas à moda sauté (cozidas com azeite e salsinha), e reserve-as. Cozinhe os ovos e asse o pimentão. Doure 3 dentes de alho no azeite e escorra, deixando-os bem sequinhos. Por último, grelhe 2 rodelas de cebola.

montagem

Em uma travessa grande coloque as postas de bacalhau, o brócolis e a batata sauté. Adicione as rodelas de cebola sobre as postas de bacalhau e os ovos cozidos cortados ao meio. Enfeite com fatias de pimentão, azeitonas pretas, espalhe o alho dourado e, por último, regue com um fio de azeite.

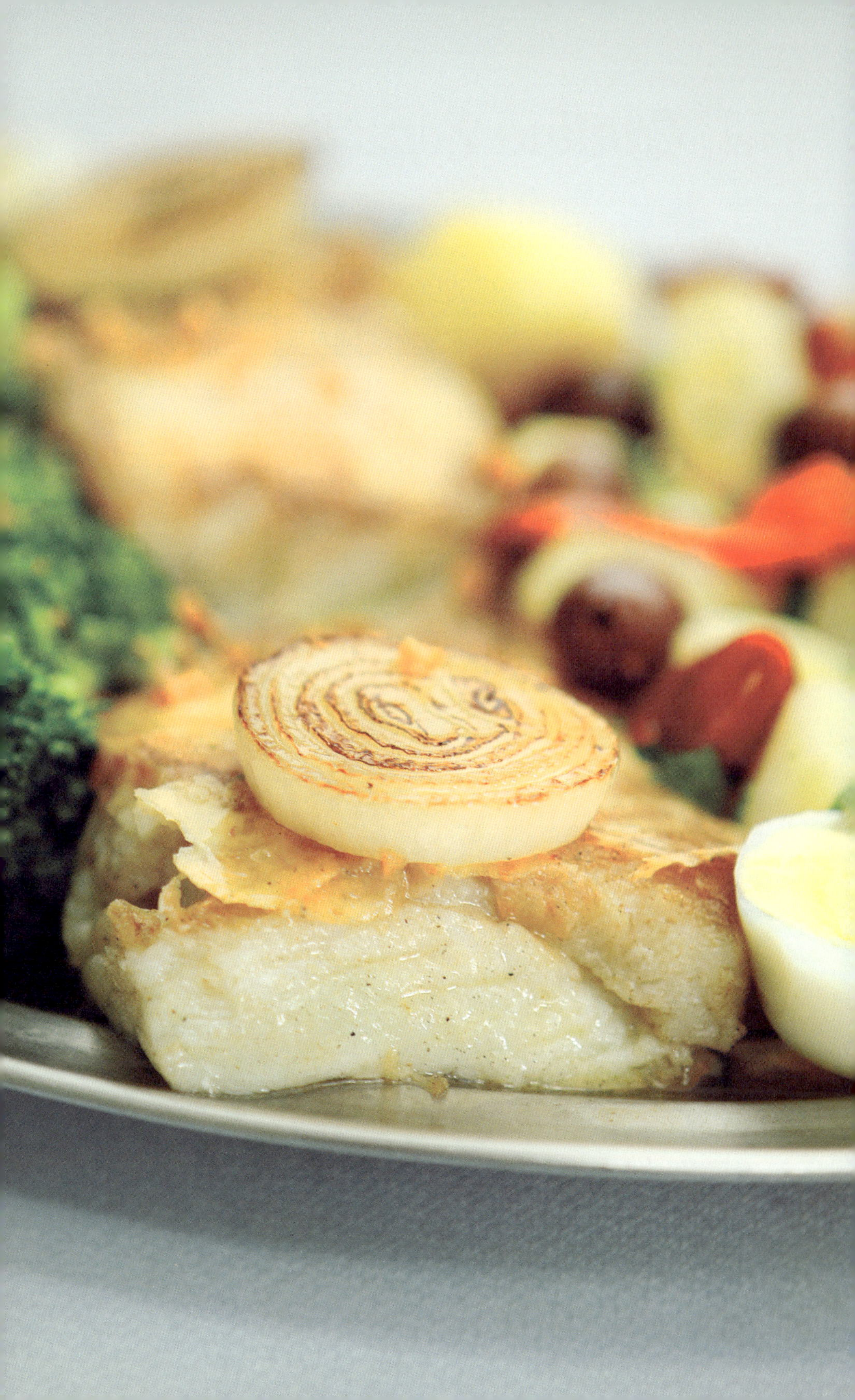

aberto em
1942

Cantina Roperto

Uma das mais populares cantinas do Bexiga, Roperto chegou ao bairro em 1942, quando ainda dava os primeiros passos na conquista de sua fama como destino preferido das famílias paulistanas aos fins de semana. Por décadas, o fluxo de automóveis em torno da Rua 13 de Maio, onde o restaurante funciona hoje, era bastante intenso, assim como as esperas na porta das cantinas dos arredores, gerando filas que chegavam a dobrar a esquina. O Bexiga tinha o movimento de uma Vila Madalena atualmente, mas com atmosfera mais familiar e clima de cidade pequena – gente na rua, tomando cerveja nos bares e armazéns, moradores na porta de casa observando o vai e vem, crianças brincando de polícia e ladrão. Os tempos são outros para o bairro e também para o Roperto, que, mesmo sem o esplendor de antes, segue atendendo sua fiel clientela diariamente.

O restaurante surgiu como muitas outras casas italianas da cidade, de forma despretensiosa. Era um lugar para se comer alguma massa e tomar vinho. Caetano Roperto, imigrante calabrês nascido na pequena comunidade de Scigliano, na província de Cosenza, resolveu fazer disso um negócio formal e abriu o estabelecimento que levava seu sobrenome em 1924, na Rua da Consolação. Depois o estabelecimento mudou-se para a Rua Barão de Itapetininga, onde funcionou até 1940, quando fechou as portas. Dois anos depois, seu sobrinho Humberto Roperto transferiu o legado da família para o Bexiga, ao abrir a Cantina Roperto, na 13 de Maio. A casa mudou-se para a Avenida Brigadeiro Luís Antônio em 1945, mas voltou para a rua original dez anos depois. De lá até hoje, ajudou a disseminar a tradição italiana em São Paulo, tendo a rua ainda como a principal artéria da colônia de imigrantes na capital – está ali, também, a Igreja de Nossa Senhora Achiropita, que é o epicentro da festa de mesmo nome que acontece

⋆ TIPO DE COZINHA ⋆

ITALIANA POPULAR

⋆ PRATOS ICÔNICOS ⋆

PERNA DE CABRITO, FUSILLI AL SUGO, FILÉ À PARMEGIANA

WWW.CANTINAROPERTO.COM.BR

no bairro anualmente e que reúne visitantes de toda a cidade.
Quem cruza a porta em formato de arco com colunas romanas e as letras do nome da casa em neon vermelho nem sempre imagina a dimensão do que está por trás: são 340 lugares divididos em dois pisos – pouco para as tardes de domingo, quando a cantina lota para o almoço. Os músicos tocando acordeão e cantando letras em (uma tentativa de) italiano terminam por dar o clima cantineiro que domina na casa e no bairro ao redor.
Hoje os descendentes seguem firmes no negócio dando continuidade à herança dos primeiros Ropertos. Até o polpetone, bolo de carne recheado de queijo e coberto com molho de tomate que virou um dos símbolos da típica culinária ítalo-paulista, ali faz alusão ao clã cantineiro: foi batizado de Ropertone. Mas a tradição da família também está presente em outros pratos, passados de geração para geração. É o caso do fusilli al sugo e da perna de cabrito assada com batatas, da sardela picante no ponto certo às berinjelas ao vinagrete e recheada, seguindo a tradição calabresa. As pastas feitas na casa e os molhos vigorosos deixam claro o empenho dos descendentes em manter a qualidade. Estar tanto tempo na mesma região com a mesma família é um duplo atestado de tradição – e a chave da longa continuidade.

★ Perna de cabrito ★

2 porções

para a carne
- 1 perna traseira de cabrito
- 1 cabeça de alho
- ½ litro de vinho tinto
- 5 folhas de louro
- Pimenta calabresa seca
- Sal

para o acompanhamento
- 1 maço de brócolis
- 500 g de batatas
- Sal
- 1 pitada de açúcar ou bicarbonato de sódio

para a montagem
- 3 cebolas fatiadas
- 3 tomates maduros fatiados
- Alho frito
- Salsinha picada

carne
Limpe a perna de cabrito retirando todas as membranas e gorduras externas. Não se esqueça de retirar também a glândula crural, conhecida por "catinga", encontrada entre os músculos posteriores, para não transmitir gosto ao assado. Marine a carne em vinha-d'alhos (molho à base de vinho, alho picado, pimenta, louro e sal) e deixe na geladeira de um dia para o outro.
Leve a carne ao forno médio e asse por aproximadamente 3 horas, regando-a com o molho sempre que necessário para não ressecar.

acompanhamento
Descasque as batatas e corte-as rusticamente em rodelas. Ferva-as com água e sal e reserve.
Em um caldeirão, coloque sal e água suficiente para o cozimento dos brócolis. Assim que levantar fervura, acrescente uma pitada de açúcar ou bicarbonato de sódio e os brócolis. Após uma rápida fervura, retire os brócolis e passe em água fria. Reserve.

montagem
Coloque em uma assadeira as batatas, as cebolas e fatias de tomate. Leve os brócolis cozidos a uma panela com alho e azeite e refogue. Quando a perna de cabrito estiver macia e bem assada, coloque-a na travessa ladeada pelas batatas e pelos brócolis. Salpique com um pouco de alho frito e salsinha picada.

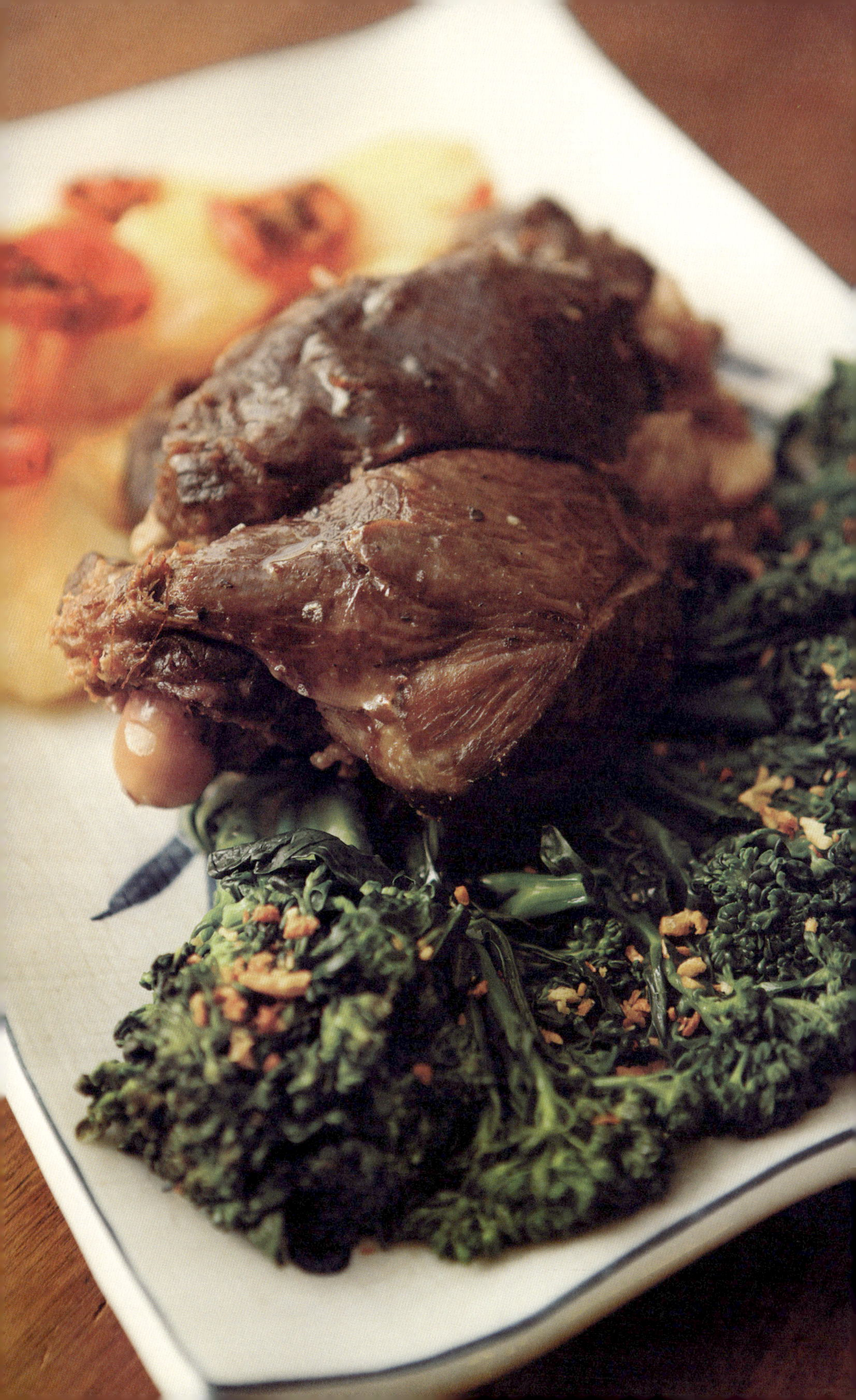

aberto em
1946 | *Bolinha*

Feijoada sempre foi um prato de ocasião, uma receita de celebração, feita no ambiente doméstico: seu preparo elaborado, sua densidade calórica, sua natureza congregadora. Mas de olho em clientes que nem sempre tinham a família reunida no fim de semana para preparar o prato derivado do "feijão gordo" (ensopado de feijão com toucinho e carne-seca) com o máximo de aditivos (o porco de cabo a rabo, literalmente), os restaurantes foram introduzindo a receita – que nada tem a ver com os escravos, em sua origem, mas com cozidos de herança portuguesa – em seus cardápios. Primeiro aos sábados, quando o cliente podia ir para casa depois da feijoada para descansar o resto do fim de semana. Depois às quartas-feiras, para aplacar o apetite do pessoal da firma. Quem foi que disse que quarta-feira é dia de comer feijoada?

No Bolinha, o restaurante da família Paullilo, feijoada é todo dia (exceto às segundas) e toda hora (ou, pelo menos, das 11h30 às 23h30), elevando o caráter essencialmente democrático da receita que foi alçada (forçada?) a prato máximo da culinária brasileira. Aberto em 1946, o Bolinha, que continua até hoje no mesmo endereço, no bairro dos Jardins, era originalmente especializado em pizza e também servia pratos a la carte, entre carnes e massas no cardápio.

★ TIPO DE COZINHA ★
BRASILEIRA/VARIADA

★ PRATO ICÔNICO ★
FEIJOADA

WWW.BOLINHA.COM.BR

Bastou seu Affonso Paullilo, o Bolinha, preparar sua feijoada para comemorar uma vitória futebolística no ano de 1976 para a sua criação cair no gosto da clientela.
Foi tão bem recebida que acabou entrando definitivamente no cardápio, até se transformar em seu ícone – que, poucos notam, mas também traz outras especialidades da cozinha brasileira, como rabada, dobradinha, virado à paulista e até mesmo estrogonofe de mignon. Ex-motorista de táxi, ele comprou o ponto para fazer um bar que, em mais de 7 décadas, acabou se estabelecendo como o atual restaurante, ainda tocado pela família – os filhos José Orlando e Paulo Affonso Paullilo é que estão à frente do negócio.

No decorrer das décadas, a feijoada do Bolinha ganhou fama e versões, como a feijoada magra, servida sem as carnes mais gordas, como pé, costelinha e bacon (mas que são colocados na preparação, em respeito à criação oficial de seu Affonso). Há até mesmo uma versão kosher desenvolvida especialmente para os judeus, que precisa ser encomendada com uma hora de antecedência. Uma constatação que o prato se tornou à prova de qualquer tipo de segregação. Para os que, ao contrário dos turistas e do público mais fiel, não querem comer no salão amplo e festivo com toalhas nas mesas e clima de churrascaria, o Bolinha faz delivery, entregando tudo em porções. A feijoada pode até ser a mesma, mas o clima para comê-la, não. É preciso do ritual completo para degustar a receita do Bolinha, devidamente sentado em uma das mesas da sua casa. Seu Affonso era do tempo que o restaurante da família era extensão da sala de estar da residência. Impossível determinar onde começava uma e terminava outra. Público e privado, cliente e amigo. Tudo era bem misturado, como numa boa feijoada completa.

★ Feijoada tradicional ★

6 porções

- 200 g de carne-seca bovina
- 200 g de costela de porco salgada ou defumada
- 200 g de pé de porco salgado
- 100 g de rabo de porco salgado
- 100 g de orelha de porco salgada
- 150 g de lombo de porco defumado ou salgado
- 100 g de paio
- 100 g de linguiça portuguesa
- 100 g de língua de boi defumada
- 50 g de bacon
- 900 g de feijão-preto
- 200 g de cebola picada
- 100 g de alho picado
- 2 xícaras de chá de óleo
- 6 folhas de louro
- 2 laranjas com casca bem lavadas e cortadas ao meio

Limpe bem as carnes salgadas ou defumadas, tirando o excesso de gordura, nervuras e pelos e coloque-as de molho em água por 24 horas, trocando a água de 3 a 4 vezes durante esse período.

Ferva as carnes salgadas em peças inteiras durante mais ou menos 20 minutos em fogo alto. Em seguida, jogue a água fora, pois nela está todo o excesso de gordura. Coloque então as carnes para cozinhar de forma definitiva, já com o feijão, as folhas de louro e as laranjas na seguinte ordem: carne-seca, pé e orelha. Meia hora depois, adicione a língua, o rabo e a costela e, após meia hora, o lombo, a linguiça, o paio e o bacon, eliminando, sempre que necessário, a gordura que subir à superfície.

Em uma frigideira, doure bem a cebola e o alho no óleo previamente aquecido, colocando na panela do cozimento, junto com as últimas carnes para cozinhar, retirando antes as metades das laranjas, que já cumpriram a sua missão de ajudar a cortar a gordura das carnes. Após 2 horas comece a testar o grau de cozimento das carnes com um garfo, pois nem todas chegam ao grau de maciez ao mesmo tempo, retirando e reservando as que já estiverem no ponto.

Quando todas as carnes e o feijão estiverem no ponto, retire e corte as carnes em pedaços pequenos, voltando-as para a panela com o feijão e cozinhando por mais 10 a 15 minutos em fogo brando.

Sirva com arroz branco e couve refogada no azeite e alho e farofa de farinha de mandioca.

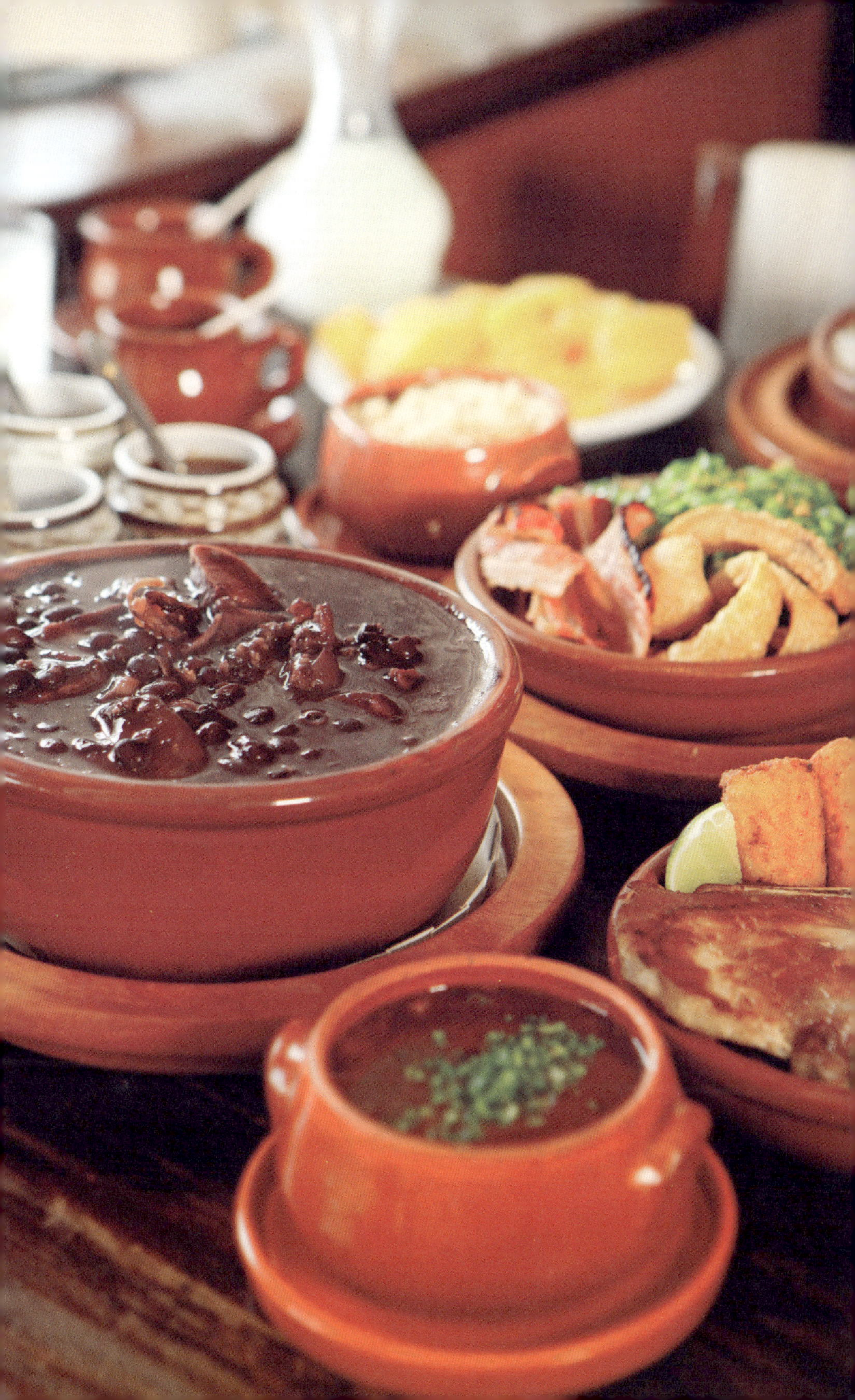

aberto em
1946

Casa Santos

Quando se mudou para o Pari, nos anos 1950, o português Nicolau Marques Osório logo conseguiu emprego como garçom em uma das mais emblemáticas casas do bairro, então habitado majoritariamente por imigrantes – portugueses, como ele, e também espanhóis, gregos e italianos, que se reuniam aos domingos em torno da Praça Padre Bento para cantar e dançar a tarantela. A Casa Santos, fundada pela família de mesmo nome em 1946, ainda funcionava como uma mercearia, uma casa de secos e molhados, como se dizia na época, embora servisse refeições. Recém-saído do Brás, onde trabalhara como atendente da famosa padaria Garoto, em funcionamento ainda hoje, Osório viu ali uma oportunidade de emprego.

Ele trabalhou na Casa Santos por três anos, até o restaurante ser vendido. Foi então empreender, abrindo uma pequena lanchonete no bairro: um feito e tanto para um imigrante português que veio ao Brasil, chegando à cidade de São Paulo, para fugir do trabalho no campo em Portugal, depois de anos servindo à Marinha Portuguesa. Seu destino era voltar para a pequena aldeia em que vivia, próximo de Vila Real, ao norte do país, e se dedicar à terra. Mas uma carta convite da irmã, que já vivia no Brasil, serviu como uma nova rota para a sua história – como a de muitos de seus conterrâneos. Quando soube que os novos proprietários da Casa Santos tinham colocado o negócio à venda, poucos anos depois da compra, Osório os procurou, fez uma oferta e a arrematou. Convidou para a nova sociedade um primo e também José Santos, filho do antigo fundador do restaurante. Desde o começo da década de 1960, quando assumiu o negócio, ele tratou de dar uma cara mais de restaurante à casa, servindo pratos do dia a dia, como rabada, carnes grelhadas e feijoada às quartas e sábados. Seguindo a tradição de suas raízes, Osório incluiu os arrozes (como o

★ TIPO DE COZINHA ★
PORTUGUESA

★ PRATOS ICÔNICOS ★
BACALHAU GRELHADO À CASA SANTOS, BOLINHOS DE BACALHAU, FILÉ À PARMEGIANA

WWW.RESTAURANTESANTOS.COM.BR

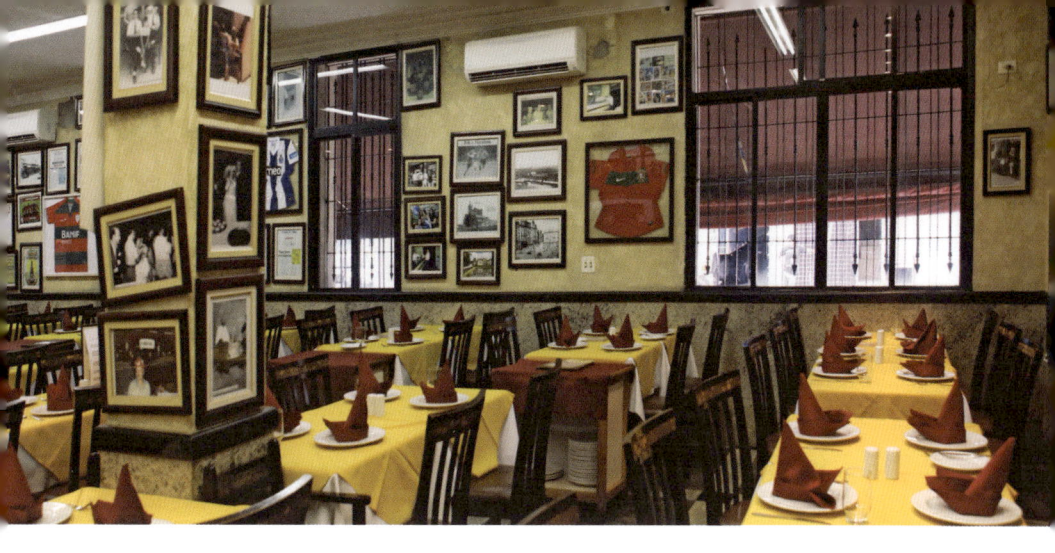

de mariscada e o de lula) e muitos pratos de bacalhau ao cardápio – hoje seis deles ainda são servidos, do tradicional Gomes de Sá, preparado em lascas na frigideira e depois finalizado no forno à lenha (que continua operando firme até hoje), ao que leva o nome do restaurante, grelhado na brasa e servido com alho crocante, batatas coradas e brócolis. O bolinho de bacalhau, farto no peixe e bem sequinho, era receita da mãe, guardada a sete chaves por Osório, que faleceu há três anos, tendo vivido mais de 50 deles ali dentro. E não é força de expressão: como o restaurante abre diariamente, ele mal saía, tanto que as comemorações de família tinham sempre a Casa Santos como palco. Até mesmo o casamento das filhas aconteceu ali – era a única forma de contar com a presença do pai. Hoje, à frente do restaurante estão seus filhos Manuel e Sônia, que trabalham para manter tudo como sempre foi: o salão decorado com a história do próprio local estampada nas muitas fotografias (da família Santos e da família Osório) que cobrem todas as paredes, as preparações feitas da mesma forma de antigamente (e com o mesmo cuidado nos ingredientes, nota-se), os garçons com décadas de casa, a luz intensa (e branca) sobre as mesas. A casa passa sempre por reformas, mas sem a pretensão de grandes mudanças – como, aliás, deve ser. A Casa Santos é aquele restaurante típico de bairro, simples e sem firulas, em um ambiente ao mesmo tempo genérico e muito acolhedor, para se ir no fim de semana com a família toda – não à toa, muitos dos pratos servem 6 pessoas, em porções generosas (até demais!). Difícil sair de lá sem uma quentinha com as sobras nas mãos, um sentimento de nostalgia na alma e um certo sorriso no rosto. Pra que mudar?

★ Bacalhau Grelhado à Casa Santos ★

2 porções

- 1 posta de bacalhau dessalgado (de aproximadamente 500 g)
- 300 g de brócolis
- Alho
- Azeite de oliva extravirgem
- 6 batatas
- Óleo
- Sal

para a montagem
- 70 g de alho frito no azeite

Grelhe a posta de bacalhau na brasa, regando-a com azeite, e reserve.
Cozinhe as batatas inteiras. Depois de cozidas, corte-as ao meio e frite-as em óleo quente.
Cozinhe o brócolis e então refogue-o no azeite, alho e sal a gosto.

montagem
Frite o alho no azeite e espalhe por cima da posta de bacalhau. Sirva com o brócolis e as batatas coradas.

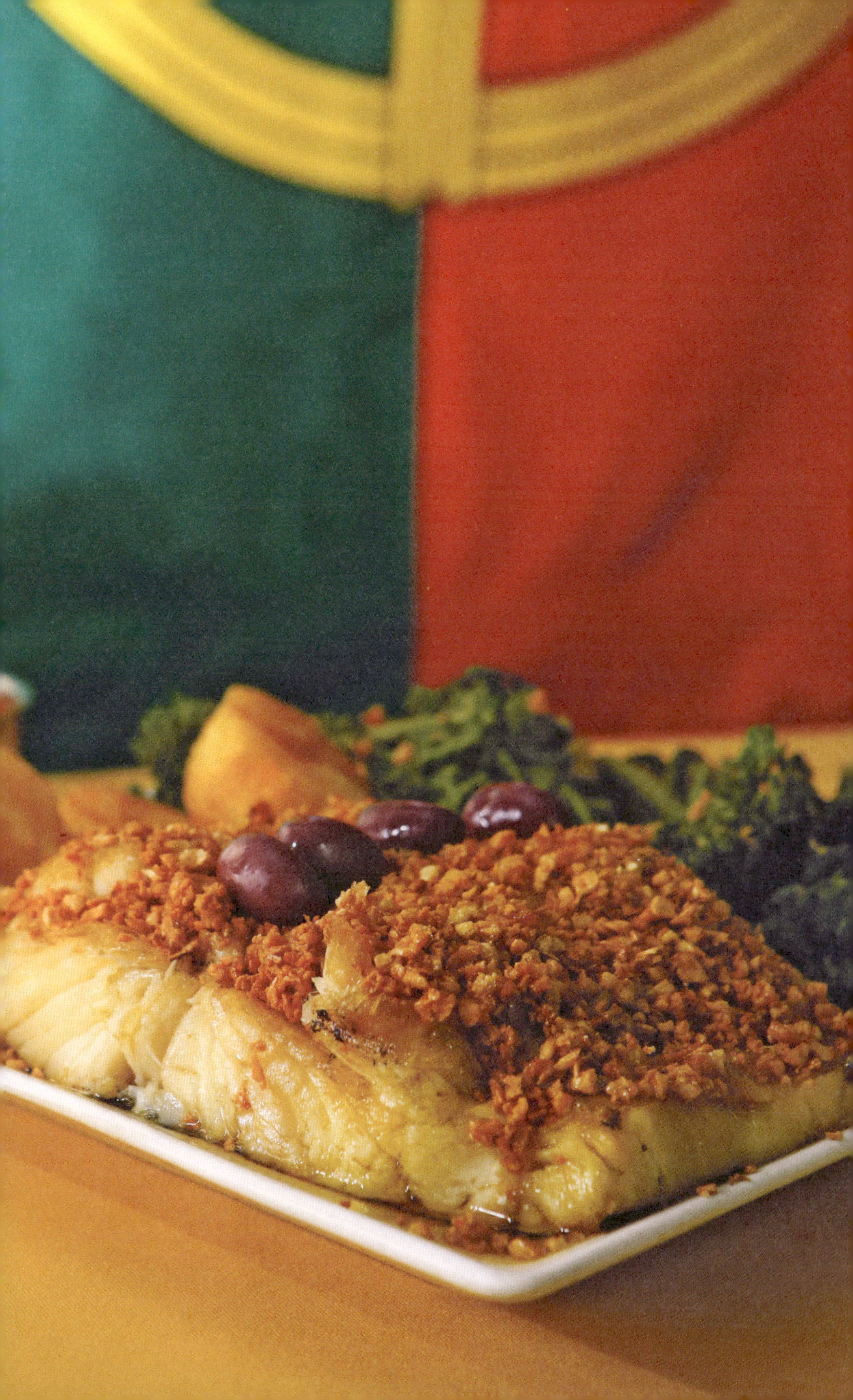

aberto em
1947

Brasserie Victória

Restaurante autoral virou modismo nos dias de hoje. Diz-se daquele estabelecimento em que o chef cria receitas à sua maneira mais particular, imprimindo assinatura de estilo nas diversas criações que saem de sua cozinha. A libanesa Victória Feres, falecida em 1991, aos 97 anos, não deve ter sequer conhecido o termo, mas à sua maneira criou o mais autoral dos restaurantes libaneses de São Paulo, há quase 70 anos. Brasserie Victória, restaurante fundado por ela em 1947 e cuja grafia pode confundir o intrépido cliente pensando se tratar de um restaurante francês, é, na verdade, uma das primeiras casas a dissipar pela cidade a culinária do Líbano – e que hoje se tornou uma das influências mais fortes na variada gastronomia paulistana.

Victória deixou seu país natal em direção ao Brasil aos 13 anos com a mãe para enfim conhecer o pai, que havia deixado a família quando ela ainda era recém-nascida em busca de fazer a vida por aqui. Quando sua loja de tecidos na Rua 25 de Março já estava estabelecida, chamou esposa e filha para se juntarem a ele. Victória veio também com o marido, e aqui permaneceram até o nascimento da primeira filha. Em 1911, mudaram-se para Pittsburgh, nos Estados Unidos, onde sua cunhada tinha uma pequena casa de comidas libanesas. Chegando lá, Dona Victória ficou impressionada com as receitas e aprendeu a dominar a culinária. Algum tempo depois, voltou ao Brasil para ficar com a mãe doente. Passou então a fazer esfihas e outras receitas em casa para cuidar de 4 dos filhos que vieram com ela (outros 4 ficaram no Líbano com o pai). Encontrou na estufa de um bar da Rua Cavalheiro Basílio Jafet a vitrine perfeita para suas delícias. Os salgados foram ganhando tanta fama que ela recebeu uma proposta de sociedade para abrir um restaurante a alguns metros dali, na Rua 25 de Março. Em 1947, nascia a casa que perpetuou seu nome como

★ TIPO DE COZINHA ★

LIBANESA

★ PRATOS ICÔNICOS ★

CHARUTINHO DE UVA, ESFIHA FOLHEADA, MJADRA, FALAFEL, QUIBE CRU

WWW.BRASSERIEVICTORIA.COM.BR

uma pioneira na comida libanesa na cidade.

Até hoje, a Brasserie Victória (que mudou de endereço para a Avenida Juscelino Kubistchek em dezembro de 1982) serve as mesmas receitas criadas pela matriarca, passadas para seus 8 filhos e 5 netos, que tocam o negócio sempre de olho para assegurar se as técnicas aprendidas por Dona Victória foram realmente apreendidas pela equipe. Um ou outro recheio das esfihas foi adicionado, de olho no perfil de um consumidor que mudou nesses 70 anos. Mas a essência está ali: o mjadra (arroz com lentilhas) servido com cebola adocicada e levemente resistente às mordidas, o quibe michui, com gordura de carneiro para ficar molhadinho, os charutinhos, as esfihas folhadas e crocantes na boca, o falafel e um dos melhores quibes crus da cidade. A assinatura de Dona Victória continua em cada uma delas, alheia a transformações, mantendo-se exatamente como ela as fazia há 7 décadas.

Na Brasserie Victória, aliás, muitas das preparações ficam expostas em balcões com vitrines para os clientes, que podem levar para casa para comer sem necessariamente ter de se sentar à mesa. A estratégia deve tratar-se de uma lição de marketing que a Dona Victória soube assimilar: a alma do negócio é ostentar o que se faz bem. Algo que ela compreendeu desde os tempos da velha estufa de bar no Centro. E que seus descendentes continuam fazendo, cheios de orgulho de seu legado.

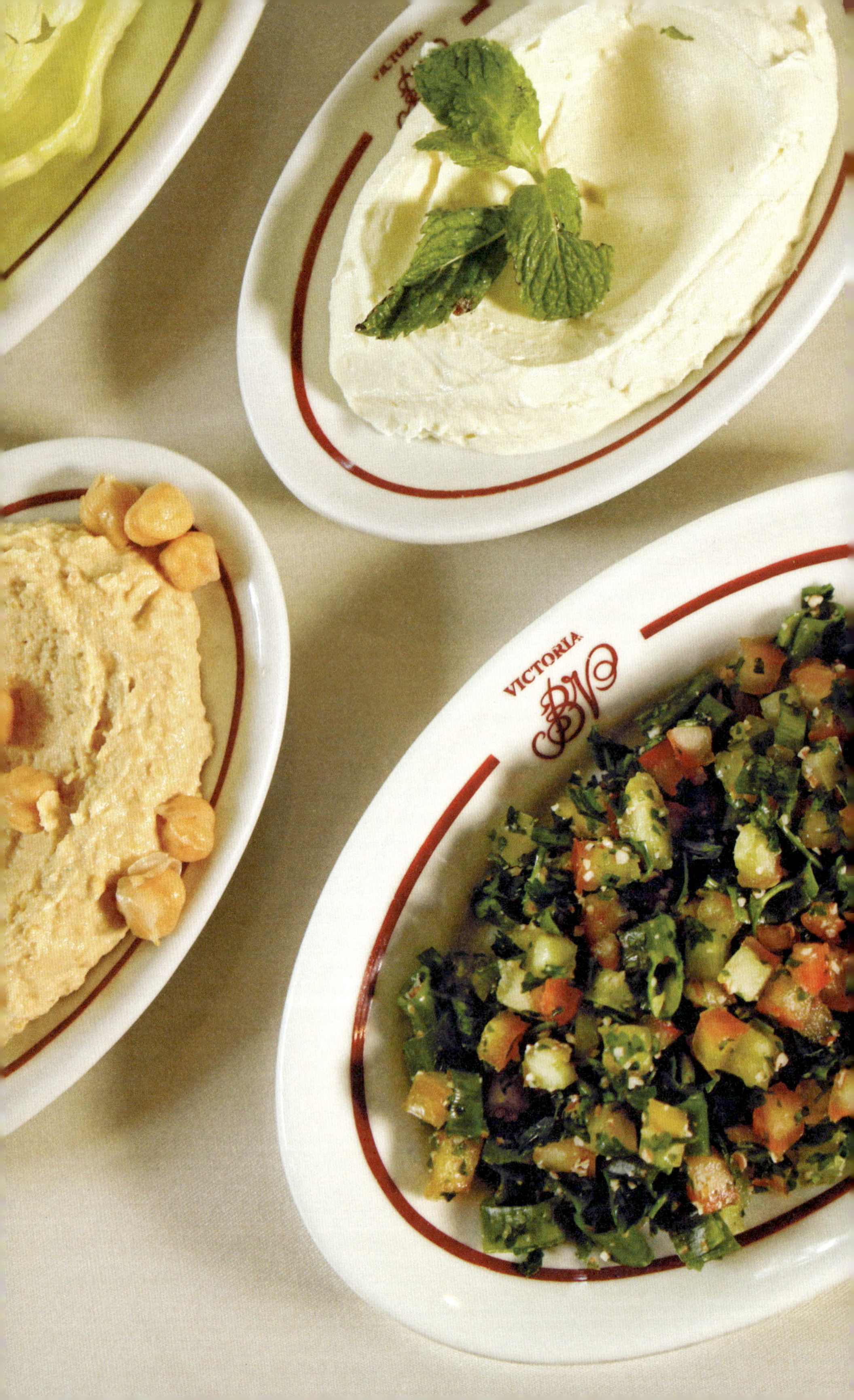
VICTORIA
VICTORIA

★ Tabule ★

6 porções

- 2 maços de salsinha
- 2 maços de cebolinha
- 4 tomates sem sementes picados em cubos
- 1 cebola grande picada em cubos
- 250 g de trigo para quibe
- 2 limões espremidos
- Sal
- Pimenta-do-reino
- 50 ml de azeite de oliva extravirgem (aproximadamente 5 colheres de sopa)
- 1 maço de hortelã picada

Lave e esprema o trigo e, depois, leve-o à geladeira.
Misture a salsinha, a cebolinha, os tomates, a cebola e a hortelã ao trigo e, por último, adicione o azeite, o sal, a pimenta-do-reino e o limão.
Sirva acompanhado de alface ou pão sírio.

DICA DO CHEF

TEMPERE O TABULE NA HORA DE SERVIR, PARA NÃO DESIDRATAR OS INGREDIENTES.

aberto em
1947

Cantina 1020

Desde o século XVI o bairro do Cambuci já era conhecido como um caminho de tropeiros e viajantes que iam e vinham de Santos – utilizando o antigo Caminho do Mar – e passavam pela área, que pertencia a uma grande chácara. Esses registros históricos, mais o desenvolvimento da região, fizeram com que se constituísse aí o que é provavelmente o mais antigo bairro de São Paulo – que ganhou esse nome pela infinidade de cambucis, as árvores nativas de fruto bem cítrico e ácido, comuns nas paragens.

Foi ali que Euro Morselli, imigrante italiano vindo de Modena, decidiu fincar os pés de seu primeiro empreendimento, depois de trabalhar por alguns anos em cantinas italianas da cidade e juntar, com a ajuda de sócios, o valor para construir seu restaurante. Localizado originariamente no número 1020 da Rua Barão de Jaguara, ele inaugurou, em 1947, a cantina que se aproveitou do endereço para ser batizada, na falta de uma ideia mais original. Trocou a Zona Leste, região mais conhecida pelas casas italianas, em bairros como o Brás e o Bexiga, pela pouca concorrência do Cambuci – apesar de o bairro reunir também sua própria colônia de descendentes. Desde o início, a aposta foram as massas caseiras, que ajudaram a dar fama para a Milivinte – como requer o sotaque ítalo-brasileiro carregado. O agnolotti à moda, com massa verde e recheado de ricota servido com molho rosé, assim como o fusilli à calabresa estão no cardápio desde que a casa foi aberta, há 70 anos. E continuam como as opções mais pedidas. Há, claro, o parmegiana, a lasanha de massa verde e outros clássicos cantineiros. A braciola continua uma das boas da cidade, feita à moda da *nonna*, com sabor de almoço de domingo, mesmo que se coma num jantar de terça-feira. Há também o cabrito à cacciatora e o ossobuco, sempre servidos em porção para dois, como pede a fartura italiana disseminada aqui por seus

* TIPO DE COZINHA *
ITALIANA TRADICIONAL

* PRATOS ICÔNICOS *
AGNOLOTTI À MODA, CABRITO À CACCIATORA, FUSILLI À CALABRESA

WWW.CANTINA1020.COM.BR

descendentes. Quem der sorte ainda terá a chance de provar os miolos empanados, uma iguaria local – vale ligar antes para encomendar.

Em 1964, a casa mudou de endereço – na verdade, passou para os números 1012 e 1014, para conseguir acomodar a clientela, que cresceu. Mas continuou ostentando o número que fez sua história, claro. Seu Euro, com seus mais de 80 anos, não consegue mais manter o mesmo ritmo diário na administração, a qual passou a cargo de seu genro, Osvaldo Adolpho Filho, que já conta com a ajuda de seus netos adolescentes, Felipe e Vinícius Morselli. Mesmo assim, ele continua passando diariamente pela casa, onde supervisiona o serviço pelo salão de ambiente simples e familiar, com toalhas de mesa xadrez e pôsteres de seu Palmeiras no canto de uma das paredes – as outras foram tomadas por motivos corintianos, impostos por uma de suas filhas, e até são-paulinos, como ousou um dos clientes mais frequentes da casa.

Nada que abale o humor de Seu Euro: o importante, ali, é a celebração. Tanto que, uma sexta-feira por mês, a 1020 recebe a noite italiana, quando músicos fazem apresentação na casa gastando todo o cancioneiro italiano de seu repertório e as mesas todas enchem – muitas delas são reservadas semanas antes da animada festa.

A agitação dessas noites – antes ainda mais frequentes, quando o cachê da banda que toca ali há décadas possibilitava – mantém a aura da 1020, assim como os almoços de fim de semana, quando a casa enche. São clientes do bairro, em sua maioria. E sabem a importância de incentivar os negócios locais para que eles continuem perdurando.

★ Agnolotti à moda ★

2 porções

para a massa
- 3 kg de farinha de trigo
- 12 ovos
- 2 pés de espinafre

para o recheio
- 300 g de ricota
- 2 xícaras de chá de queijo parmesão de primeira ralado
- ½ pé de espinafre

para o molho
- 500 ml de creme de leite
- 500 ml de molho ao sugo
- 500 g de mozarela
- 500 g de presunto bem picado
- 500 g de catupiry®

massa
Lave os pés de espinafre e bata-os junto com os ovos no liquidificador. Misture a farinha com as mãos até obter uma massa. Abra a massa passando-a no cilindro ou com um rolo de macarrão e reserve.

recheio
Misture todos os ingredientes à mão e, em seguida, recheie a massa.

molho
Misture todos os ingredientes e leve ao fogo. Retire após levantar fervura.

montagem
Molde a massa fazendo agnolottis médios ou da forma que preferir. Cozinhe os agnolottis em água fervente e retire-os quando subirem à superfície. Escorra-os e transfira-os para um prato. Cubra-os com o molho pronto e espalhe queijo parmesão por cima a gosto.

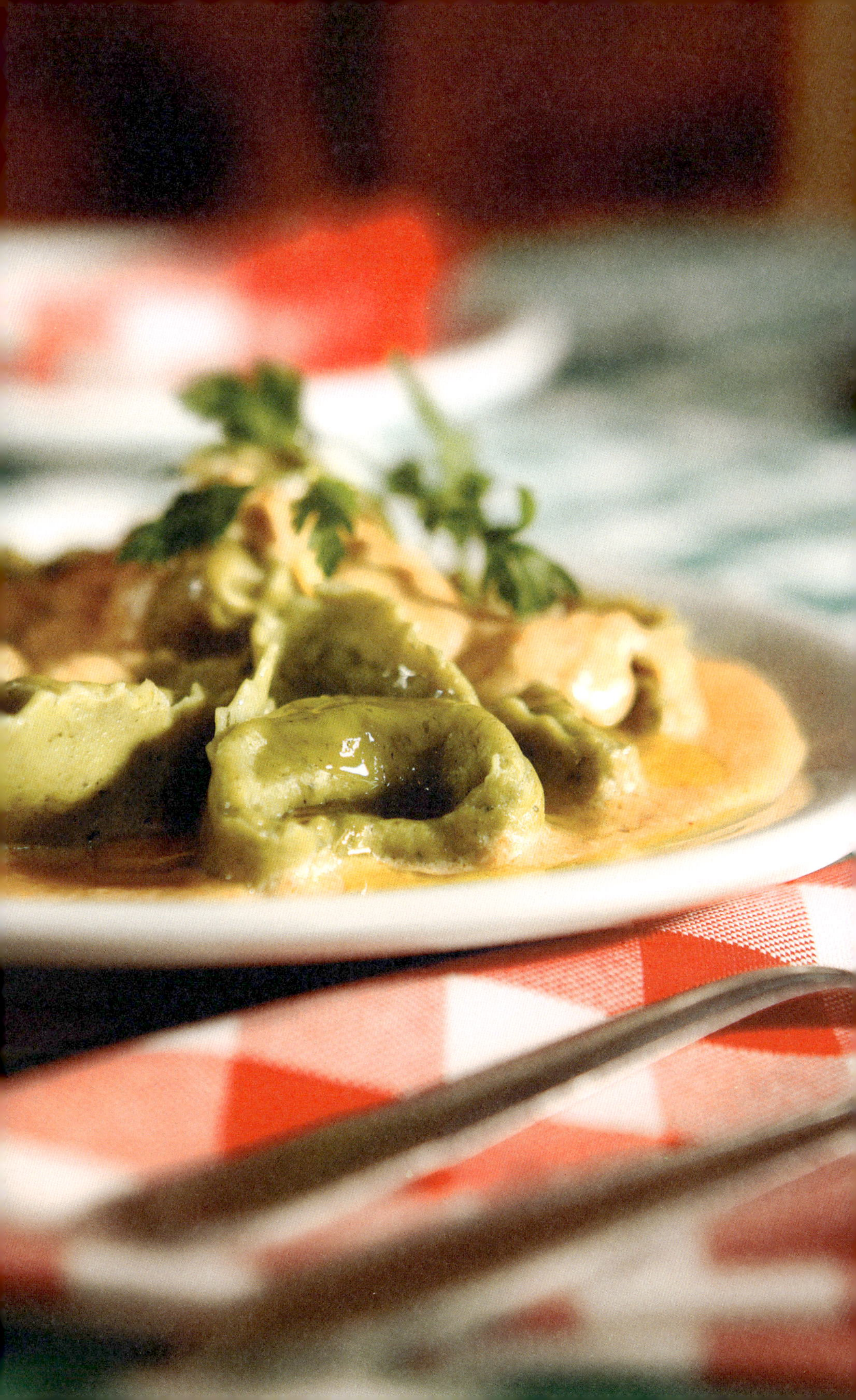

aberto em
1948 | *Windhuk*

O nome do restaurante pode soar familiar para os mais afeitos às histórias da Segunda Guerra Mundial. E é: *Windhuk* era o nome do navio alemão que em 1939 partiu de Hamburgo, na Alemanha, em direção à África do Sul, para completar sua 13ª viagem. Quando atracado na costa africana, muitos países declararam guerra aos alemães, e o navio já não podia mais retornar a seu país de origem. O capitão da embarcação resolveu seguir em direção ao Brasil, que até então permanecia neutro nos conflitos. Três anos depois, quando o Brasil declarou guerra à Alemanha, toda a tripulação do *Windhuk* foi conduzida a campos de concentração no interior do Estado de São Paulo, permanecendo confinada até o fim da guerra, em 1945.

Wolfgang Gramberer e Rolf Stephan, dois dos ex-tripulantes que haviam decidido permanecer no Brasil, inauguraram, em 1948, um bar e restaurante em São Paulo que prestava homenagem à nau que aqui os trouxe. Mais do que dar um novo rumo à vida deles, o Windhuk buscava relembrar os sabores que tinham ficado para trás na Alemanha. O estabelecimento era um ponto para reunir os colegas com os quais conviveram nos campos de concentração. Uma desculpa para beber cerveja e cozinhar as receitas que não encontravam aqui – já que tinham experiência de cozinha de quando trabalhavam na embarcação. O Windhuk nasceu como um restaurante de comida alemã daquela mais tradicional e até hoje serve especialidades típicas, como o pato assado e os muitos preparos com carne suína, como o kassler, o carré de porco cozido (acompanhado de batatas e chucrute) e o páprica schnitzel, o filé de lombo à milanesa ao molho de páprica. Também oferece um misto de salsichas que se tornaram uma representação (ainda que caricata) da culinária germânica pelo mundo, acompanhado de salada de batata, claro, e ainda uma versão não muito ortodoxa de coelho ao molho madeira. É comida

* TIPO DE COZINHA *
ALEMÃ

* PRATOS ICÔNICOS *
KASSLER, SCHNITZEL, SCHLACHTPLATTE

WWW.WINDHUK.COM.BR

afetiva alemã, para ser degustada sem floreios. O próprio ambiente, reformado para se parecer com um chalé alpino, propõe a rusticidade da experiência. E vai bem com uma caneca de chope.

Hoje quem gere o negócio é Valfrido Krieger, ex-funcionário que começou na casa em 1964 e se tornou proprietário nove meses depois, e seu irmão Francisco, ambos naturais de Santa Catarina, onde a colônia alemã é mais presente no país. Se São Paulo recebeu bem imigrantes italianos, japoneses, armênios e libaneses, soube acolher também os germânicos, que se estabeleceram principalmente na Zona Sul da cidade, ainda que em menor número. Prova disso é a resistência da cozinha do Windhuk, que, mesmo sem um grande contingente de descendentes diretos para apreciá-la, continua aplacando (com qualidade) a fome de paulistanos pela tradicional culinária alemã.

★ Joelho de porco (eisbein) com repolho-roxo ★

2 porções

para a eisbein
- 1 peça de eisbein
- 1 cebola média picada
- 1 dente de alho picado
- 2 folhas de louro
- 1 colher de chá de noz-moscada
- 1 colher de chá de açúcar
- Sal

para o repolho-roxo
- 2 cabeças médias de repolho-roxo
- 100 ml de óleo
- 1 maçã fatiada
- 6 cravos-da-índia
- Canela em pau
- 1 cebola média fatiada
- 100 ml de vinagre
- 15 unidades de ameixa seca sem caroço
- 80 g de açúcar

para a batata souté
- 3 batatas cozidas
- 20 ml de óleo
- Sal
- 100 g de bacon
- ½ cebola média fatiada

eisbein
Em um recipiente fundo com água, coloque todos os ingredientes, misture e, por último, adicione o eisbein. Cubra e deixe marinar na geladeira por 1 dia.
Cozinhe o eisbein na mesma marinada por aproximadamente 2 horas e meia. O joelho de porco deverá ficar macio.

repolho-roxo
Abra o repolho ao meio, retire o miolo e fatie-o bem fino. Em uma panela, coloque o óleo, a maçã, o cravo, a canela e a cebola e cozinhe os ingredientes até quase dissolver. Acrescente o vinagre e o repolho até murchar. Então adicione o açúcar e mexa até dissolver. Por último, acrescente as ameixas e desligue o fogo.

batata souté
Fatie as batatas em rodelas. Em uma frigideira, coloque o óleo e frite o bacon até dourar. Acrescente as batatas e o sal e deixe dourar. Por último, acrescente a cebola. Mais alguns minutos e estará pronto. Sirva com o eisbein e o repolho-roxo.

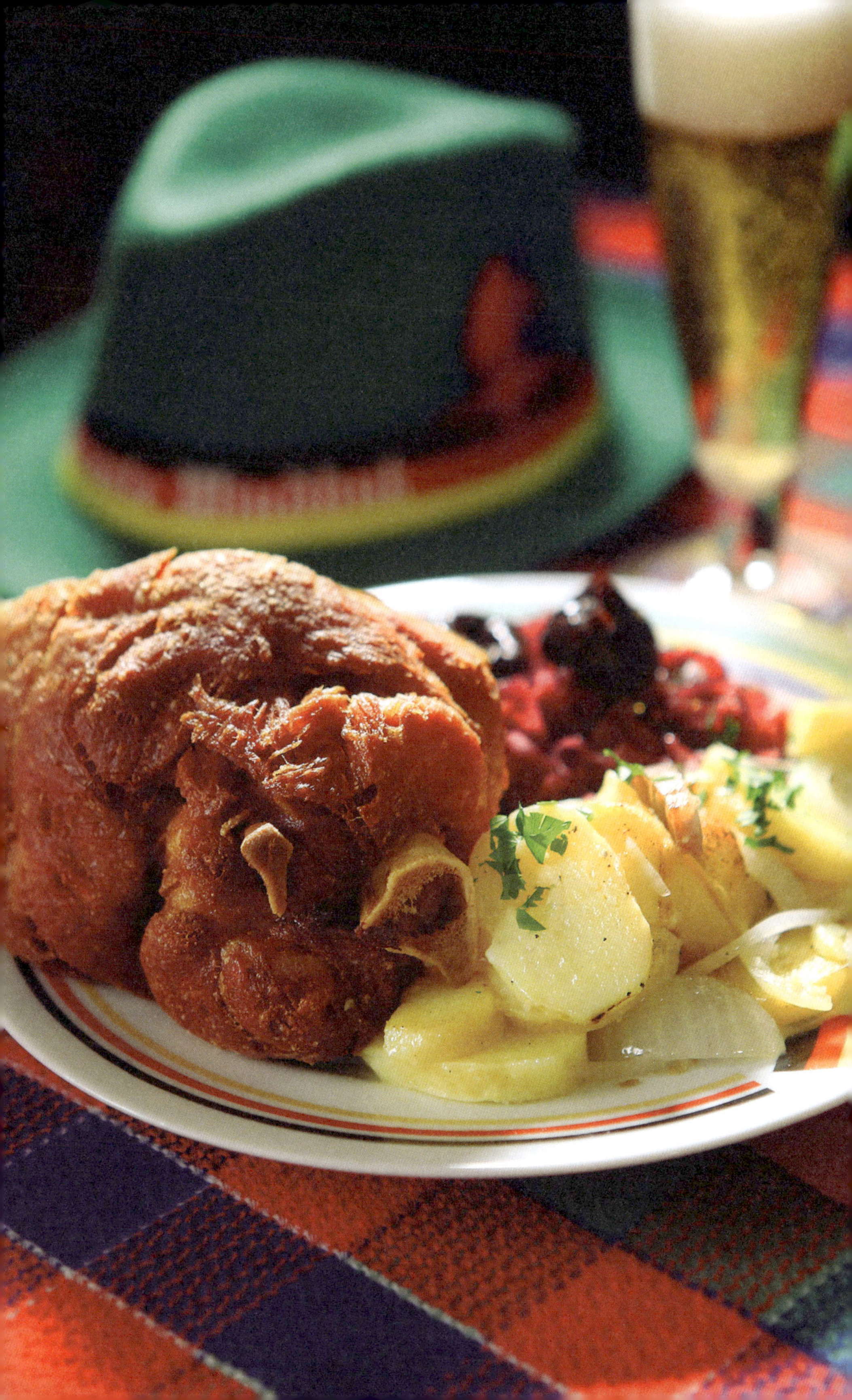

aberto em
1949

Da Giovanni

Caminhando pela estreita Rua Basílio da Gama, paralela à movimentada Avenida São Luís, chega-se a uma portinha, quase no fim da via sem saída, que dá para a Galeria Metrópole. O banner colorido com os pratos do dia – a versão modernizada e sem charme das antigas lousas a giz – dá o tom italiano da casa. À primeira vista, parece um restaurante comum de bairro que serve almoço para aplacar a fome de quem trabalha por perto. Mas uma olhada com mais atenção às opções – entre elas coelho e pato – mostra que não se trata desse tipo de casa. O "desde 1949" do letreiro termina por acabar com a primeira impressão.

O Da Giovanni é um resistente representante da tradicional culinária italiana no Centrão, região nada conhecida por restaurantes do gênero, como é o caso do Brás e do Bexiga, por exemplo. Além de tudo, disputa a atenção dos comensais com outros pesos-pesados na mesma rua, como o Almanara e o Alcazar (o restaurante do clássico Hotel Gran Corona). E o faz com o pequeno espaço que lhe cabe, num salão estreito como vagão de trem, com muitas mesas (pelas suas dimensões) a brigar pela área por que passam os garçons servindo os clientes, sentados com proximidade familiar – o Da Giovanni é um local para se almoçar com pessoas queridas, com quem se tem certa intimidade. Até porque o cardápio, ainda que trabalhe com ingredientes tidos como sofisticados (algo digno de nota), tem acento cantineiro, tradicional. É comida com trato cuidadoso, mas para ser saboreada com simplicidade, sem os esnobismos que se tornaram comuns no mundo da gastronomia paulistana. Aberto em 1949 pelo imigrante italiano que resolveu colocar seu nome na casa, permaneceu na mesma família até o início dos anos 2000, sempre preservando a filosofia de comida

★ TIPO DE COZINHA ★

ITALIANA CLÁSSICA

★ PRATOS ICÔNICOS ★

RAVIÓLI VERDE AO MOLHO FUNGHI, PAILLARD DE FILÉ-MIGNON À PARMEGIANA, PALETA DE CORDEIRO

RUA BASÍLIO DA GAMA, 113 – REPÚBLICA

muito bem-feita em ambiente familiar imposta por seu fundador. Em 2001, a casa foi parar nas mãos de Evandro Batista dos Santos, o Valdir. Vindo da Bahia, iniciou sua carreira no restaurante Roma, onde começou lavando pratos para anos depois se tornar chef, cargo que assumiu por quase duas décadas. Ali, aprendeu a fazer massas na mão, cozinhar no ponto certo carnes (da codorna ao coelho), finalizar risotos. Nada é tão simbólico na gastronomia de São Paulo como emigrantes de outras regiões do país (como o Nordeste) preparando com esmero receitas de países do mundo a que nunca foram: é desse caldeirão que sai nossa culinária.

E também a do Da Giovanni, à qual Valdir tratou de dar seu toque pessoal sem arranhar a identidade da casa sessentona. Da sua safra, serve o ravióli verde recheado de nozes, alcachofra e queijo ao molho de funghi com tiras de filé, o campeão de vendas. Mas também prepara, à sua maneira, a paleta de cordeiro com fettucini e o coelho em Salmin, com molho à base de vinho e cenoura e massa no próprio molho. Há ainda clássicos paulistanos, como paillard de filé-mignon à parmegiana, com massa longa, ou a tradicional parceria com o arroz enformado.

Enquanto Valdir cozinha, seus filhos (e até já seu neto) o ajudam no salão, revezando-se nas funções no caixa e no serviço (bastante atencioso) à mesa. É de fato uma pequena casa italiana como as mais tradicionais da Itália: membros da mesma família trabalhando, comida boa servida, herança sendo respeitada, tudo numa pequena viela da cidade.

O fato de ter um baiano à frente é só um detalhe – que faz dela ainda mais autêntica e paulistana.

★ Ravióli verde ao molho funghi ★

5 porções

para a massa
- 700 g de farinha de trigo
- 3 ovos
- 200 g de espinafre cozido

para o recheio
- 3 alcachofras graúdas
- 100 g de nozes picadas
- 500 g de mozarela de búfala ralada
- 100 g de catupiry®

para o molho
- 500 g de filé-mignon em tiras
- 50 g de queijo brie
- 50 g de queijo ementhal
- 50 g de queijo parmesão
- 30 g de funghi seco chileno (deixe de molho por 2 horas, lave e escorra bem e corte em pedacinhos pequenos)
- 600 ml de creme de leite
- 1 colher de sopa de cebola picada
- 1 dente de alho picado
- Sal
- Óleo

massa
Bata o espinafre com os ovos no liquidificador. Misture a farinha e sove até a massa soltar das mãos. Deixe descansar por 1 hora.
Passe a massa no cilindro ou abra-a com um rolo de macarrão até ficar na espessura que deseja para o ravióli.

recheio
Misture todos os ingredientes numa vasilha e reserve.
Após rechear os raviólis e fechá-los, cozinhe-os em água fervente por 4 a 5 minutos.

molho
Aqueça o óleo. Doure a cebola e o alho, junte as tiras de filé-mignon e o funghi seco chileno e refogue. Reserve.
Bata o restante dos ingredientes no liquidificador até formar em creme.
Depois, misture o creme batido ao filé-mignon refogado e aqueça por 3 minutos, até levantar fervura.
Sirva o molho sobre a massa.

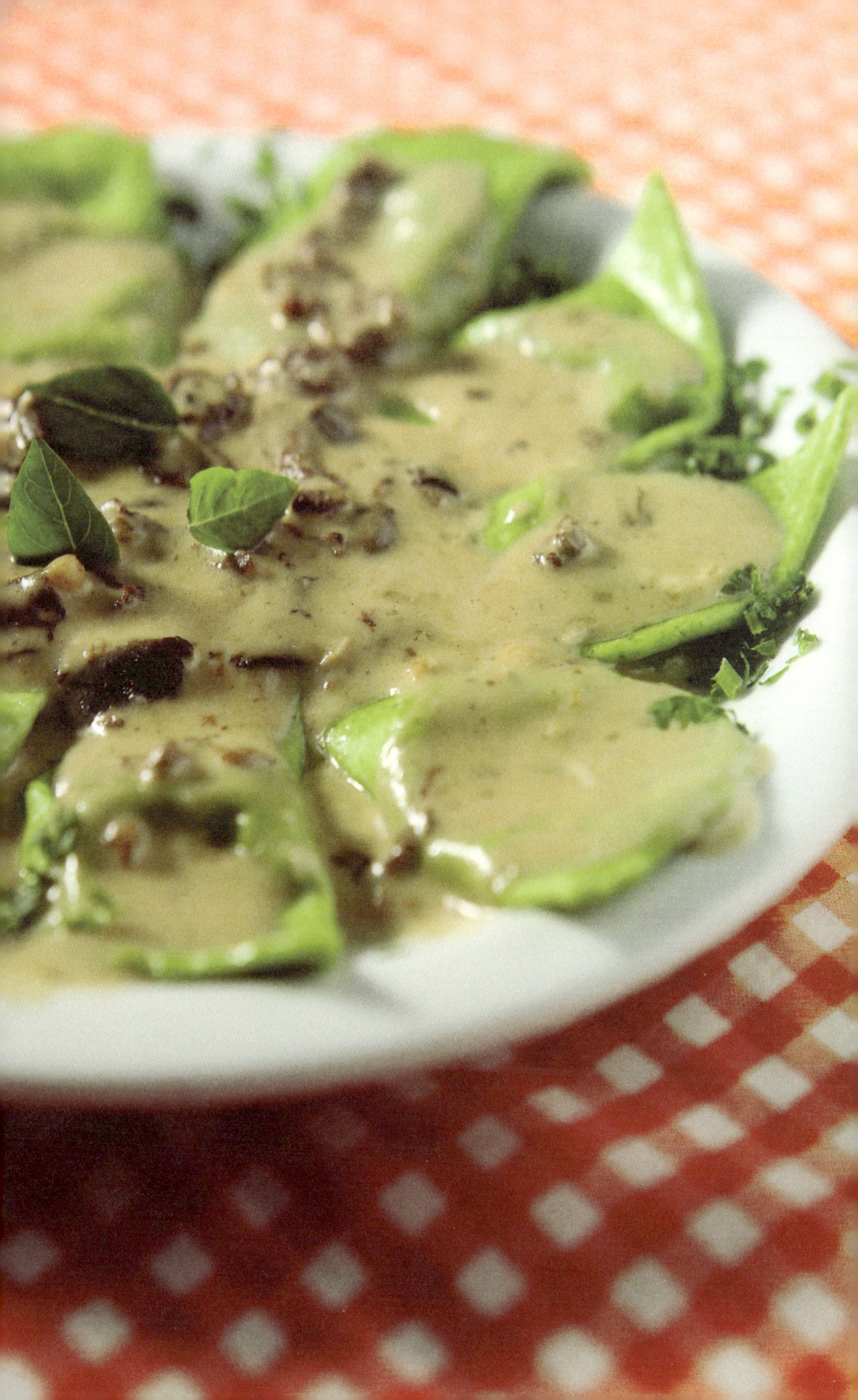

aberto em
1949

Jardim de Napoli

É o restaurante que converte um prato em um clássico ou é a receita nascida ali que o insere no distinto hall dos estabelecimentos emblemáticos? Difícil separar criador e criatura – mesmo porque, por vezes, a segunda cria pernas e se espalha por aí. A questão em si nem é tanto a notícia (e a qualidade dela), mas como ela corre. No caso do Jardim de Napoli a (boa) notícia que correu por aí dizia respeito a uma versão do polpetone italiano que Toninho Buonerba, filho do fundador do restaurante, Francesco Buonerba, havia criado. A receita do bolo de carne, feita com as aparas de filé-mignon que sobravam dos pratos servidos, recheadas com mozarela e, depois, coberta com molho de tomate e uma generosa camada de parmesão, ganhou fama e alastrou o nome da casa por toda a cidade.

Era a década de 1970 e o estabelecimento já completava 2 décadas de abertura. Francesco, conhecido como Don Ciccio, chegou ao Brasil, partindo do porto de Nápoles, em 1926. Quatro anos depois, a esposa e os filhos também desembarcaram aqui. Mesmo trabalhando como marceneiro, não perdeu o hábito adquirido na Itália de preparar pizzas aos sábados – que distribuía entre os vizinhos do Cambuci. As redondas do napolitano fizeram tanto sucesso que ele resolveu abrir um barracão para vendê-las. O movimento aumentou e era hora de abrir um restaurante: encontrou uma boa casa na Rua Maria Paula, na Bela Vista, e inaugurou oficialmente o Jardim de Napoli. Nos anos 1960, o proprietário não quis renovar o contrato e o negócio mudou de endereço, para a casa da Vila Buarque, onde está até hoje.

Atualmente são cerca de 500 polpetones preparados por dia, que correspondem a mais de 80% dos pedidos. A receita é segredo de família: a tarefa fica a cargo dos Buonerba e de poucos funcionários que sabem como prepará-la do começo. O sigilo é a alma do negócio. O difícil é garantir que não falte a

★ TIPO DE COZINHA ★

ITALIANA

★ PRATO ICÔNICO ★

POLPETONE

WWW.JARDIMDENAPOLI.COM.BR

iguaria: há pessoas de outras cidades e até de outros países que adentram o salão em estilo de cantina do casarão verde-oliva da Rua Martinico Prado só para poder prová-la – ou, em muitos casos, repeti-la. Certa feita, quando um garçom foi relatar um problema ao cliente à mesa, este se desesperou: teria acabado o polpetone? Era "só" seu carro que havia sido roubado, e o cliente pôde respirar aliviado.

Nem só de polpetone à parmegiana (empanado e devidamente frito) vive o cardápio do Jardim de Napoli, que tem pratos que deveriam, pelo menos, ser cogitados pelos clientes, como o fusilli ao sugo, o filetto all'Anna (à milanesa, com molho branco e shitake) e a perna de cabrito. Também servem pizzas no jantar. As sobremesas não são esquecidas: além da pastiera di grano (a tradicional torta de ricota napolitana), há torta de limão e pavê de café.

Desde 1999, o negócio, hoje tocado pelos filhos de Toninho, a terceira geração dos Buonerba, começou uma expansão por shoppings centers, de olho no potencial das praças de alimentação – uma forma de expandir o sucesso. Já são três unidades (Shopping Higienópolis, Market Place e JK) operando e, claro, servindo polpetone – ainda em uma porção reduzida. Sem ele, dificilmente teriam chegado tão longe. Palavras do seu criador.

★ Carciofini allianz' olio ★

12 porções

- 2,1 kg de alcachofrinha
- 1 limão
- 6 litros de água
- 450 ml de vinagre branco
- 150 ml de vinho branco seco
- Sal
- 600 ml de azeite de oliva extravirgem
- 60 g de alho fatiado
- Orégano

o vinho e sal a gosto. Deixe ferver. Escorra a água das alcachofrinhas e coloque-as na panela de água fervente. Com uma escumadeira, certifique-se, com cuidado, de que todas elas fiquem sob a água. Durante o cozimento, repita o procedimento. Após 20 minutos, espete um garfo para verificar se estão cozidas. Tire as alcachofrinhas com a escumadeira e coloque-as em um escorredor raso. Deixe esfriar.

Com uma faca pequena, tire as folhas das alcachofrinhas até encontrar as folhas mais claras. Corte ao redor da base de cada uma delas, dando-lhes a forma de um pião, tire aproximadamente 1 cm da ponta das folhas e coloque-as em uma vasilha com água fria e suco de limão para que não fiquem escuras. Coloque em uma panela 6 litros de água, o vinagre,

montagem

Em um pote de vidro, coloque um pouco do azeite e uma parte das alcachofrinhas. Adicione o alho fatiado e salpique orégano. Repita a sequência das camadas e por fim complete com azeite. Deixe descansar por algumas horas, para apurar bem o sabor dos temperos, e acondicione em local refrigerado.

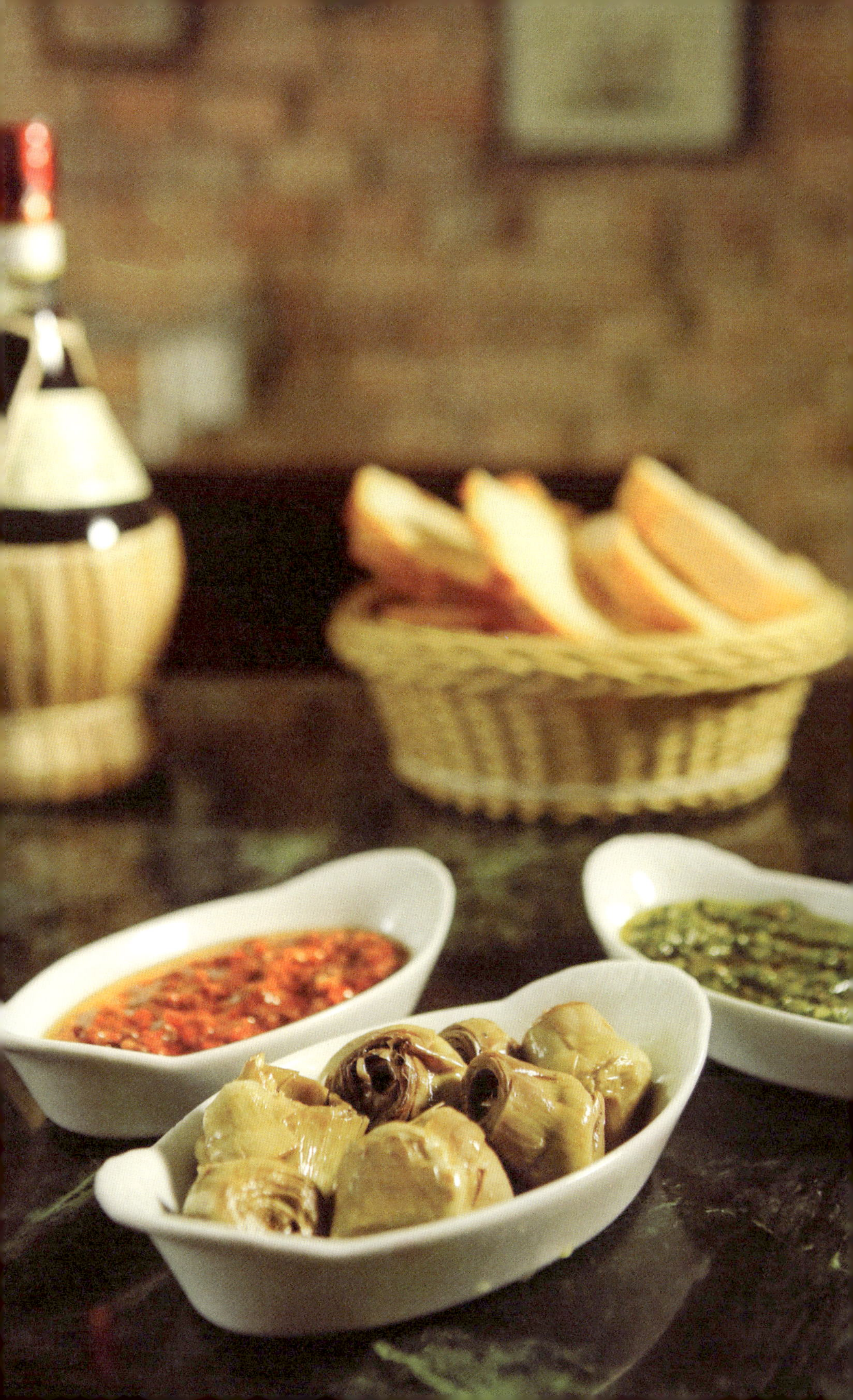

aberto em
1950 | *Almanara*

Muita gente que vê as unidades bem decoradas dos shoppings abarrotadas de mulheres cheias de sacolas, casais com carrinhos de bebê e famílias de todos os tipos esperando por uma mesa para comer nem sequer imagina que a hoje rede de restaurantes Almanara nasceu na Rua Basílio da Gama ainda no longínquo ano de 1950. Zuhair Coury, imigrante que veio do Líbano para se estabelecer por aqui, criou no Centro um dos principais redutos da tradição da comida libanesa na cidade quando inaugurou o restaurante em uma de suas principais e mais bem frequentadas vias – ali também nasceu o Ca'd'Oro, o primeiro hotel cinco estrelas da capital, três anos depois de Seu Coury abrir as portas.

O restaurante-matriz preserva o antigo e amplo salão art déco, com paredes revestidas de madeira e um grande mural com temas da cultura árabe, expondo o pé-direito alto da elegante construção, com cara de construção marroquina. O piso de madeira criando formas quadriculadas e as pastilhas na parede denunciam a história do lugar. Hoje com 14 unidades (quase todas em shoppings) espalhadas pela cidade – e mais uma filial em Campinas, no interior do estado –, o Almanara soube se renovar. Mas o endereço do Centro parece manter uma aura muito diferente das demais casas: é um clima de casa de avô, onde a gente se sente sempre bem-vindo. Os garçons tradicionais com décadas de casa, o ritmo do Centro (longe das praças de alimentação), a flor no vaso prateado sobre a mesa. O aconchego mora nos detalhes.

Ao cardápio: o Almanarão, como é conhecido pelos frequentadores, é o único entre as casas que serve rodízio ou menu degustação, a boa desculpa para se poder provar de tudo. No mezze (a seleção de entrada) estão babaganuche, homus e coalhada seca, o trio sagrado das tradições sírio-libanesas. Também são servidos o caprichado tabule, os charutinhos de folha de uva com

* TIPO DE COZINHA *

LIBANESA

* PRATOS ICÔNICOS *

ABOBRINHA RECHEADA DE CARNE E ARROZ, ESFIHA FECHADA DE CARNE, MICHUI DE MIGNON

WWW.ALMANARA.COM.BR

arroz e lentilha, os beirutes da casa – esses, herança de uma tradição árabe-paulista. As abobrinhas recheadas de carne e arroz, servidas com molho levemente ácido de tomate, são uma das melhores receitas. Os michuis (as carnes grelhadas em espetos) também são tradição na casa.

Nessas décadas de funcionamento, o Almanara ajudou a difundir as esfihas e os quibes – servidos crus, assados e fritos – como uma opção de comida rápida para quem quer evitar as praças de alimentação, uma vez que a grande maioria de suas lojas ficam em shoppings. Essas receitas tradicionais da cozinha de acento árabe se tornaram tão comuns por aqui quanto os hambúrgueres americanos e as pizzas italianas – um mérito que a rede dos Coury ajudou a propagar. Com a estratégia de se expandir pelos centros de compra, em localizações privilegiadas da cidade (há também uma unidade na Oscar Freire), o Almanara, hoje administrado por Douglas, filho do patriarca Zuhair, se tornou uma rede que flerta acintosamente com o fast-food – ainda que o faça em ambientes bem montados, com serviço eficiente – o tal do "diferencial". Foi uma escolha impulsionada pelas oportunidades de negócios diante de um Centro que mudou muito nos últimos 65 anos. Mas é revigorante passar pela estreita Basílio da Gama e ver a porta do Almanara sempre aberta, o balcão ao lado com as esfihas e quibes nas estufas para quem estiver procurando só uma refeição rápida. É aquela prova indelével de que, apesar dos avanços, a tradição ainda mantém o seu lugar.

★ Salada fatouche ★

2 porções

para a salada
- 4 folhas de alface romana
- ¼ de pimentão vermelho
- 2 pepinos japoneses descascados
- ½ xícara de chá de cebola
- 10 folhas de hortelã
- 4 rabanetes médios
- 2 tomates
- 1 colher de chá de salsinha picada

para o molho
- ½ xícara de chá de azeite
- 2 colheres de chá de suco de limão
- 2 pitadas de sal

para a montagem
- 2 pitadas de sumagre
- 20 sementes de romã
- 20 pedaços de pão sírio torrado cortado em cubos de 1,5 cm

salada
Lave todos os ingredientes. Corte o pimentão e a cebola em fatias finas, o rabanete e o pepino em rodelas, a alface em tiras de aproximadamente 1,5 cm e o tomate em cubos pequenos de 2 cm.
Junte a salsinha e a hortelã. Misture todos os ingredientes.

molho
Adicione todos os ingredientes no liquidificador e bata por aproximadamente 2 minutos.

montagem
Em uma travessa, adicione a salada e o molho. Misture bem.
Acrescente o sumagre e misture.
Adicione o pão sírio torrado e misture.
Transfira tudo para uma travessa e espalhe as sementes de romã por cima.

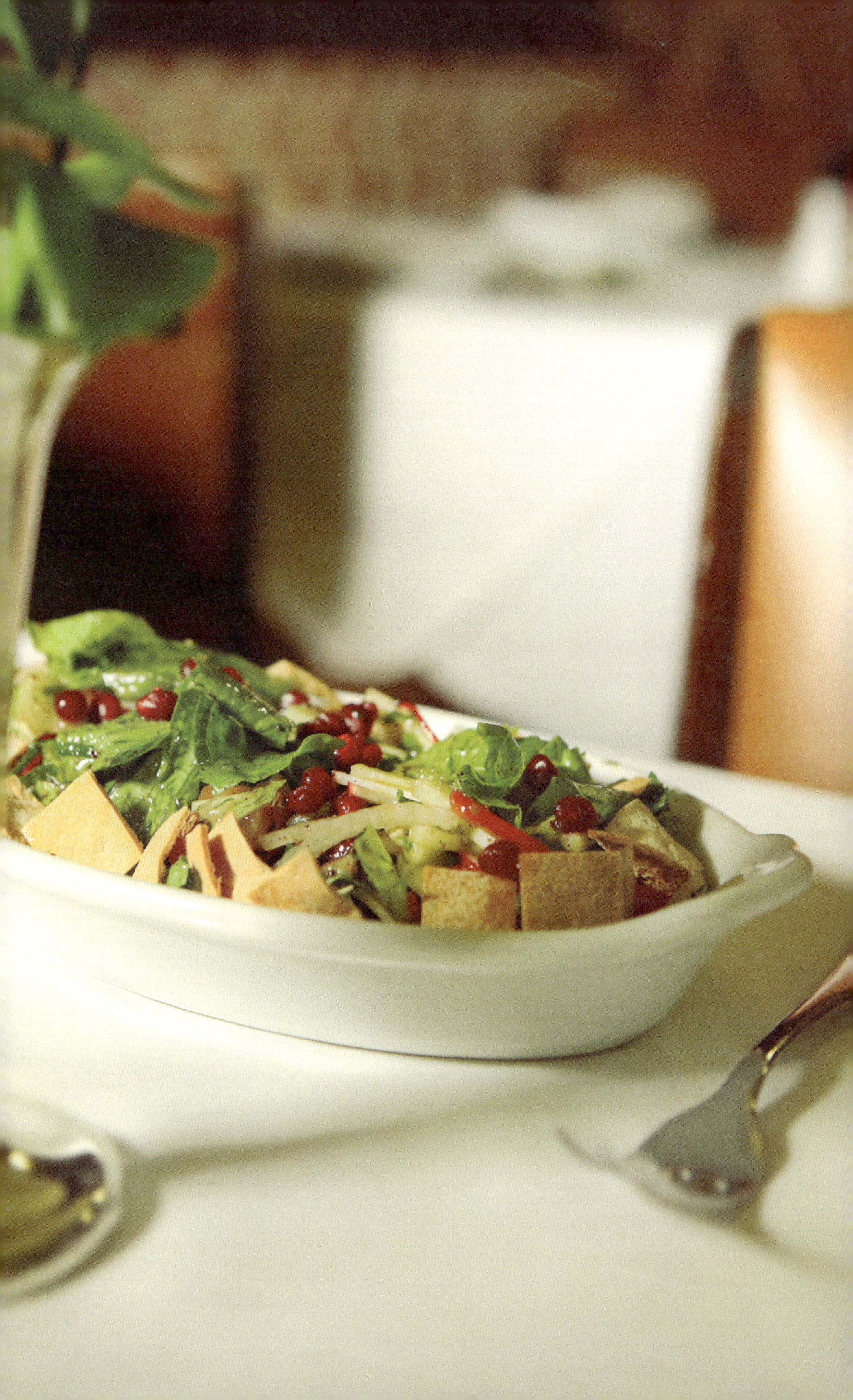

aberto em
1950

Restaurante Caverna Bugre

Em uma fachada discreta da Rua Teodoro Sampaio, quase na altura da Avenida Doutor Arnaldo, uma imponente porta de ferro (com mais de 6 décadas) com detalhes em dourado chama a atenção de quem passa pela movimentada rua, com seu constante fluxo de ônibus e automóveis. Um mural rosa com colagens em papel com letras miúdas e encapado com plástico transparente dá a dica para quem se aproxima: "Restaurante Caverna Bugre – Desde 1950". A porta leva ao subsolo, onde está a casa fundada pelo austríaco Alexandre Gaspercic, um pequeno salão simples e aconchegante com cerca de 50 lugares e um elegante bar de madeira posicionado bem à frente de quem chega.

A comida servida ali são as receitas criadas pelo próprio Gaspercic, exímio cozinheiro que tratou de reproduzir as criações culinárias de seu país natal – que, pela proximidade geográfica, teve uma grande influência da calibrada cozinha alemã. Espere encontrar no cardápio receitas já conhecidas dos paulistanos, como o kassler (costela de porco) ou o eisbein (joelho de porco), mas também criações do fundador, como as muitas variações feitas com filé-mignon: à milanesa, à parmegiana e o acebolado bugre, que leva, além das cebolas cozidas em vinho branco, copa picada e azeitonas verdes e é coberto com provolone e gratinado.

O grande sucesso da casa, no entanto, é um filé que já se tornou clássico na cidade, mas que presta homenagem aos Alpes, o maciço rochoso que domina boa parte da paisagem da Áustria: coberto com copa, catupiry® e provolone, é gratinado e servido com molho inglês, acompanhado de arroz branco soltinho. A receita do filé alpino (assim batizado por lembrar um monte coberto por neve) sofreu alterações durante os mais de 60 anos em que é servido: a copa substituiu o bacon, e o parmesão, antes também usado na mistura dos queijos, foi retirado. Nada, porém, que tenha afetado o sucesso da receita, que corresponde a mais de 60% dos

⋆ TIPO DE COZINHA ⋆

PREDOMINANTEMENTE AUSTRÍACA

⋆ PRATOS ICÔNICOS ⋆

FILÉ ALPINO, FILÉ ACEBOLADO, LOMBO EMPANADO, KASSLER

WWW.CAVERNABUGRE.COM.BR

pedidos feitos na casa. Uma versão de frango e outra de peixe também foram criadas para aproveitar a popularidade do preparo.

O Caverna também passou por outras mudanças no decorrer dos anos: os biombos separando o ambiente e as cadeiras estofadas já não fazem mais parte do salão, as paredes perderam o revestimento em pedra, a tabuleta de madeira que servia de cardápio (não havia nem preços) deu lugar às capas de couro, que agora chegam à mesa trazidas pelo garçom. Sinais dos novos tempos. Com a morte de Seu Alexandre na década de 1970, quem continuou a tocar o negócio com distinção foi seu braço direito, o descendente de ucranianos Cláudio Politchuk, que entrou na casa como garçom em 1961. Dez anos depois, adquiriu o restaurante da família Gaspercic, mas seguindo a história – e o cardápio – iniciada por seu antigo patrão.

Hoje quem está à frente do negócio é seu filho Eduardo, que começou a trabalhar com o pai aos 15 anos, passando mais de 35 dentro do restaurante – que funciona todos os dias da semana, seguindo o ritmo efusivo que a cidade ganhou atualmente. Cláudio costumava fechar a casa nos dias de jogos do São Paulo, para poder ir ao estádio. Algo impensável nos estabelecimentos dos dias de hoje, bem mais voltados à vontade dos clientes do que de seus donos. Localizado ao lado de muitos hospitais e por isso bastante frequentado por médicos, o Caverna Bugre está ali, sempre aberto, para atender a emergência da fome de seus fiéis frequentadores.

★ Filé acebolado ★

1 porção

para a carne
- 250 g de carne bovina em bife (filé-mignon, alcatra ou contrafilé)
- 400 a 500 g de cebola cortada em rodelas finas
- 100 g de copa cortada em cubos
- ½ xícara de chá de óleo de soja
- ½ xícara de chá de vinho branco seco
- Sal
- Orégano
- Óleo

para o molho
- ½ xícara de chá de molho inglês
- 1 xícara de chá de água

carne
Em uma panela média, coloque o óleo e a copa e deixe-a fritar pouco em fogo brando, sem tostar. Acrescente a cebola e misture bem. Deixe a cebola fritar em fogo brando por 1 minuto e em seguida adicione um pouco de sal. Deixe refogar em fogo baixo. Quando perceber que a cebola está bem cozida, acrescente o vinho, mexa e deixe cozinhar com a panela destampada. Por último, adicione um pouco de orégano e desligue o fogo. Frite o bife em uma panela à parte e reserve.

molho
Em uma panela pequena, aqueça rapidamente o molho inglês e a água, sem ferver.

montagem
Transfira o bife para uma travessa ou prato não muito raso, acrescente o molho aquecido sobre a carne, cubra o bife com a cebola e sirva com arroz branco ou outro de sua preferência. Outra opção é servir o filé acebolado com salada de batata e maionese.

DICA DO CHEF

O BIFE PODE SER FRITO EM FRIGIDEIRA OU CHAPA COM ÓLEO (NUNCA AZEITE). SE DESEJAR TEMPERAR O BIFE, USE SOMENTE SAL. OS TEMPEROS FORTES DEVEM SER EVITADOS, PARA QUE NÃO SOBRESSAIAM AO SABOR DA CEBOLA. O PONTO DA CARNE FICA A CRITÉRIO DOS COMENSAIS.

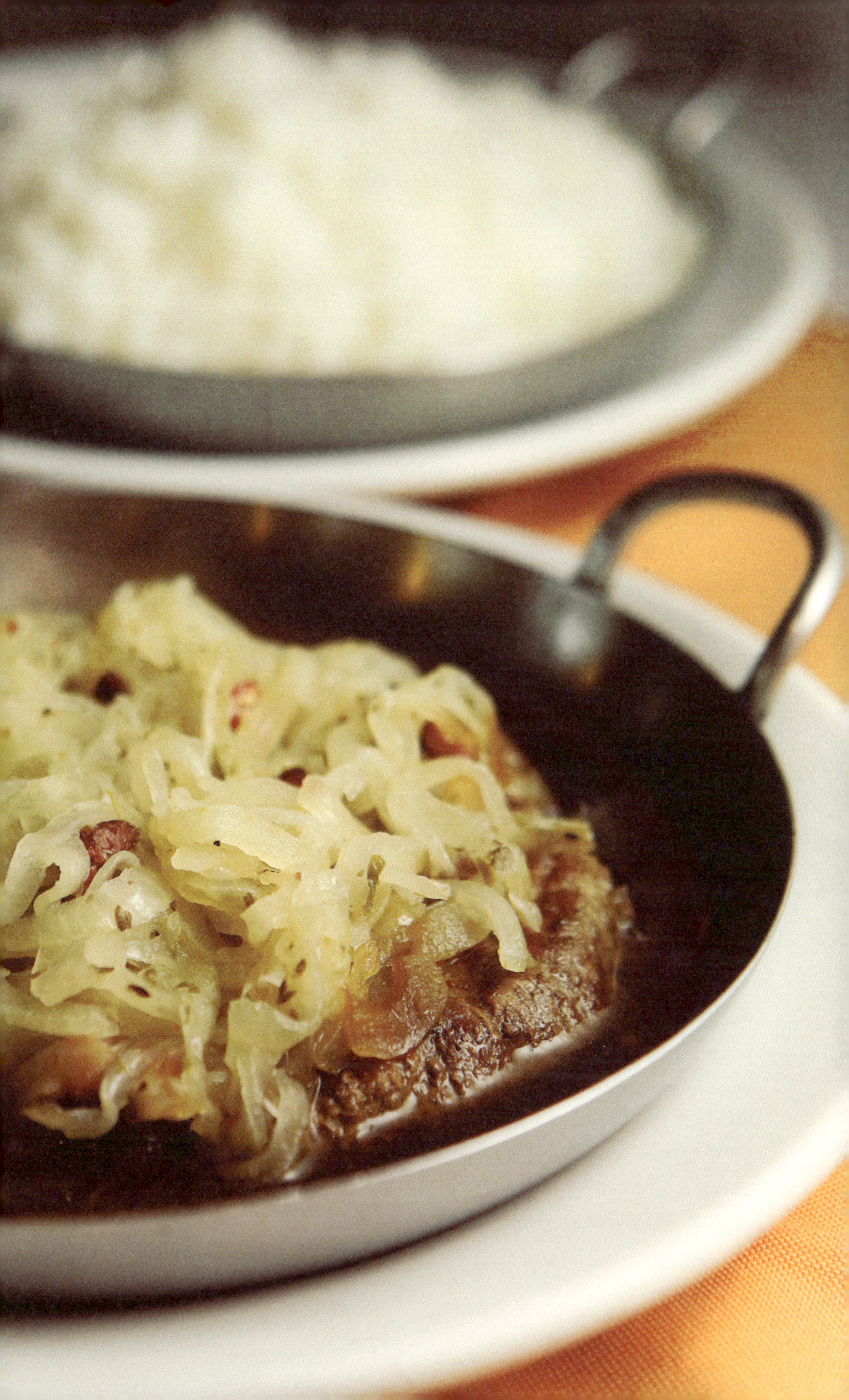

aberto em
1951

Casa Garabed

O termo "árabe" talvez tenha uma conotação muito generalizadora para se referir aos imigrantes vindos de diferentes nações do Oriente Médio que se estabeleceram em São Paulo – e que aqui deixaram suas marcas culturais imprescindíveis para formar a (con)fusão da cidade. Sírios, libaneses, armênios – cada um desses povos criou uma relação muito particular com São Paulo: não dá pra colocar tudo no mesmo caldeirão. Muitos começaram a chegar ao país a partir da década de 1920, fugindo do genocídio promovido pelo Império Otomano. Foi o caso do armênio Garabed Deyrmendjian, que se instalou com a família primeiro na região da Luz e, bons anos depois, em 1951, inaugurou em Santana a Casa Garabed, reduto da cozinha armênia que já se tornou parte da paisagem do bairro e da cidade – um desses endereços indispensáveis para mostrar a faceta dessa enredada metrópole.

O restaurante, que até hoje carrega o nome do senhor Garabed (falecido na década de 1980), se tornou referência nas esfihas feitas no forno a lenha que está lá desde os tempos em que ele próprio comandava o espaço. Como quase todos os clientes eram imigrantes armênios, eles levavam de casa o recheio, para que o restaurante moldasse e preparasse as esfihas, e depois passavam para pegá-las prontas. Foi assim por um bom tempo, até que o fluxo começou a chamar a atenção de clientes não armênios, aqueles que não sabiam preparar os recheios, mas queriam as esfihas da casa. Garabed resolveu então vendê-las prontas. Foi aí que a fama se espalhou de vez, atraindo clientes de todas as partes e origens. As esfihas são feitas na hora, no largo forno abastecido com lenha de eucalipto – que fica aceso até mesmo em dias em que a casa não funciona. Em dias de movimento, são mais de 10 mil delas saindo das brasas sem nem tempo para esfriar. Roberto, que hoje administra o restaurante fundado pelo pai, tratou de iniciar seus dois filhos, Roberto e Daniel, nas tradições da família.

* TIPO DE COZINHA *

ARMÊNIA

* PRATOS ICÔNICOS *

ESFIHAS, BASTRMÁ, GUEIMÁ

WWW.CASAGARABED.COM.BR

Algo que eles já carregam no nome: "Deyrmendjian" significa "aquele que trabalha com farinha", já que o sufixo "ian", no idioma armênio, está ligado ao ofício de cada família. Embora não trabalhem mais diariamente no restaurante, aparecem sempre que o movimento aperta. Em 1971, a esfiharia fechou – a morte da filha mais velha fez o Sr. Garabed encerrar as atividades, retomadas por Roberto após um hiato de mais de 10 anos. Mas nem só das tradicionais esfihas vive a Casa Garabed: o cardápio mostra que existem diferenças nas mesas "árabes" de São Paulo. Aqui, o arroz armênio, com snoubar (pinoles) e grão-de-bico, já dá uma ideia das particularidades dessa culinária.

Outras são a Soirlmé, uma salada fria preparada com polpa de berinjela assada na lenha, tomate, cebola e salsa, e a gueimá, uma carne moída refogada na manteiga com cebolinha e pinoles que, na tradição armênia, é consumida com quibe cru para rechear o pão.

Os que carregam o "ian" no final de seus nomes não mudaram somente a demografia da cidade, eles também colocaram seus costumes e receitas no mapa, fazendo até, como no caso dos Deyrmendjian, com que moradores de bairros afastados dali formassem filas na Rua José Margarido. Nenhuma outra casa tem na sua história sabores tão armênios como a Casa Garabed.

★ Baklava ★

80 unidades

para a massa
- 500 g de farinha de trigo Renata®
- 500 g de farinha de trigo Sol®
- 20 g de sal
- Manteiga derretida

Se preferir, é possível substituir pela massa filo pronta.

para a calda
- 2 xícaras de chá de açúcar
- 1 xícara de chá de água
- 1 colher de sopa de suco de limão
- 1 colher de chá de água de flor de laranjeira

para o recheio
- 1 kg de nozes, pistache, snoubar (ou pinole) ou castanha-do-pará
- ½ xícara de chá de açúcar
- ½ xícara de chá de água
- 2 colheres de chá de água de flor de laranjeira

massa
Unte uma fôrma refratária com a manteiga derretida e reserve. Misture as farinhas e o sal e vá adicionando água até desgrudar da mão e obter uma massa bem lisa. Faça 12 bolinhas de aproximadamente 100 g cada uma e deixe-as descansar por 1 hora em temperatura ambiente. Achate-as e abra-as com um rolo até ficarem bem finas, quase transparentes. Coloque uma sobre a outra e continue abrindo com o rolo, untando cada camada com manteiga derretida. Repita esse procedimento até que totalizem 12 folhas de massa e reserve.

calda
Leve o açúcar com a água ao fogo. Após iniciar a fervura, marque 8 minutos e desligue. Deixe esfriar completamente e então junte o suco de limão e a água de flor de laranjeira.

recheio
Numa vasilha, misture bem as nozes ligeiramente quebradas ou as frutas secas à sua escolha com o açúcar, a água e a água de flor de laranjeira. Deixe ferver e escorra. Esse processo dará brilho e um dulçor às frutas, que, quanto mais inteiras estiverem, mais beleza vão dar ao doce.

montagem
Corte a massa em quadrados de 10 cm, coloque o recheio no centro e vire as laterais para cima. Leve ao

forno médio a 150 ºC por cerca de 50 minutos ou até dourar, de acordo, com o seu gosto. Quando estiver pronto, retire do forno e regue o doce ainda quente com metade da calda preparada. Ao servir, adicione mais calda.

DICA DO CHEF

VOCÊ PODE VARIAR O RECHEIO DO DOCE COLOCANDO GELEIA DE DAMASCO OU DE TÂMARA OU AMEIXAS. NESSE CASO, É PRECISO ASSAR A MASSA PRIMEIRO E RECHEAR DEPOIS.

aberto em
1951

O Gato Que Ri

Logo na entrada, o quadro do gato dentro de uma cesta de vime sorrindo para quem adentra o salão rústico e aconchegante parece ser uma prerrogativa de que a refeição servida ali vai proporcionar bons momentos de hedonismo gastronômico a quem se sentar em uma das mesas coberta com toalha branca engomada desse restaurante localizado no Largo do Arouche. Talvez seja essa a sua função, reforçada por outras figuras de gatos sorridentes por todos os lados, do guardanapo de tecido a uma estante cheia deles, bem acompanhados dos vidros de pimentas feitas na casa. Mas O Gato Que Ri é o nome da cantina fundada pela italiana Amélia Mazotti Montanari, ou Dona Amélia, como era conhecida. Por isso a fotografia na porta.

O pressuposto do espaço, inaugurado como um balcão de pedra com banquinhos sem encosto em sua volta, era servir massas caseiras preparadas por ela, recém-chegada da região do Vêneto para morar em São Paulo. Decidiu fazer aqui no Brasil o que fazia de melhor na Itália: cozinhar. O macarrão já tinha aportado aqui antes, com as ondas imigratórias entre 1860 e 1920: primeiro feito apenas artesanalmente, depois de maneira industrial, com a inauguração em 1896 da Premiato Pastificio Italiano, a primeira produção em larga escala no país. Mas a pasta feita pelas mãos de Dona Amélia ganhou fama para além do Arouche, e os clientes lotavam o pequeno espaço, em que ela trabalhava com o marido, Seu Jacinto. Eram sucesso absoluto a lasanha verde acompanhada de salada de carne fria com verduras e as massas longas, como o tagliatelle e o espaguete com molho bolonhesa ou sugo.

Com a morte da fundadora, a qualidade do restaurante decaiu, até que um grupo de empresários resolveu comprar o espaço em 1992, realizar uma reforma e alterar itens

* TIPO DE COZINHA *
ITALIANA

* PRATOS ICÔNICOS *
LASANHA VERDE À BOLONHESA, TAGLIATELLE COM MOLHO DE FRANGO À CAÇADORA, RISOTO DE CALABRESA COM VINHO DO PORTO E PALMITO

WWW.OGATOQUERI.COM.BR

do cardápio – que hoje conta também com carnes, sopas, pizzas e até feijoada nos almoços de quinta e sábado. Nas mãos dos novos donos, o restaurante recuperou o fôlego, apostando nas combinações clássicas, principalmente de massas, para servir os clientes. São 8 tipos de massas frescas com combinações de mais de 20 tipos de molhos e preparações para acompanhá-las, entre bolonhesa, berinjela com gorgonzola, romanesca, bacalhau com azeitona e sugo com braciola. Isso sem contar os risotos, os peixes, a bruschetta, o carpaccio, o galeto desossado...

Entre as sobremesas, já não figura mais o pudim de leite condensado com chantili da Dona Amélia, mas há doces caseiros e creme de papaia, como nos endereços mais reconfortantes e tradicionais. O clima é mesmo de casa da *nonna*, com mesa farta, salão barulhento, gatinhos de porcelana bem arrumados nas prateleiras. Na saída, há uma vitrine com souvenirs do restaurante à venda: canecas, camisetas, chaveiros, calendários, sempre com a figura do gato-símbolo a sorrir. Para lembrar que, mais que um jantar, uma visita ali é mesmo um programa.

★ Lasanha verde ★

9 porções

para a massa verde
- 1 kg de farinha de trigo
- 200 g de folhas secas de espinafre limpo e lavado
- 200 ml de ovo pasteurizado ou 4 ovos médios de 50 g
- 1 colher de chá de sal

para o molho à bolonhesa
- 1,3 kg de carne moída
- 5 dentes de alho
- 30 g de cebola picada
- 3 tomates médios picados
- Sal
- Pimenta
- Óleo

para o molho branco
- 1 ½ litro de leite
- 90 g de farinha de trigo
- 20 g de cebola bem picada
- 50 g de manteiga
- Sal
- Noz-moscada

montagem
- Queijo parmesão ralado

massa verde
Em uma tigela disponha a farinha, o espinafre bem picado, os ovos e o sal. (Se preferir, bata no liquidificador o espinafre e os ovos.) Misture bem todos os ingredientes com as mãos ou em uma batedeira com gancho até formar uma massa bem firme. Com o auxílio de um rolo de macarrão, abra a massa com ½ cm de espessura e da largura da assadeira a sua disposição. Pré-cozinhe a massa em água fervente.

molho à bolonhesa
Em uma panela, refogue o alho, a cebola e os tomates por cerca de 3 minutos. Acrescente a carne moída, o sal e a pimenta a gosto e cozinhe até a carne ficar bem macia.

molho branco
Em uma panela, refogue a cebola com a manteiga e acrescente a farinha aos poucos, para não empelotar. Em seguida adicione o leite até que forme um molho homogêneo. Tempere com sal e noz-moscada a gosto.

montagem
A quantidade de camadas dependerá do tamanho da assadeira. Monte-as seguindo esta ordem: molho de carne, massa, molho branco, massa, molho de carne, massa. Finalize com molho branco e queijo parmesão. Leve ao forno a 180 °C por 20 minutos. Retire e sirva.

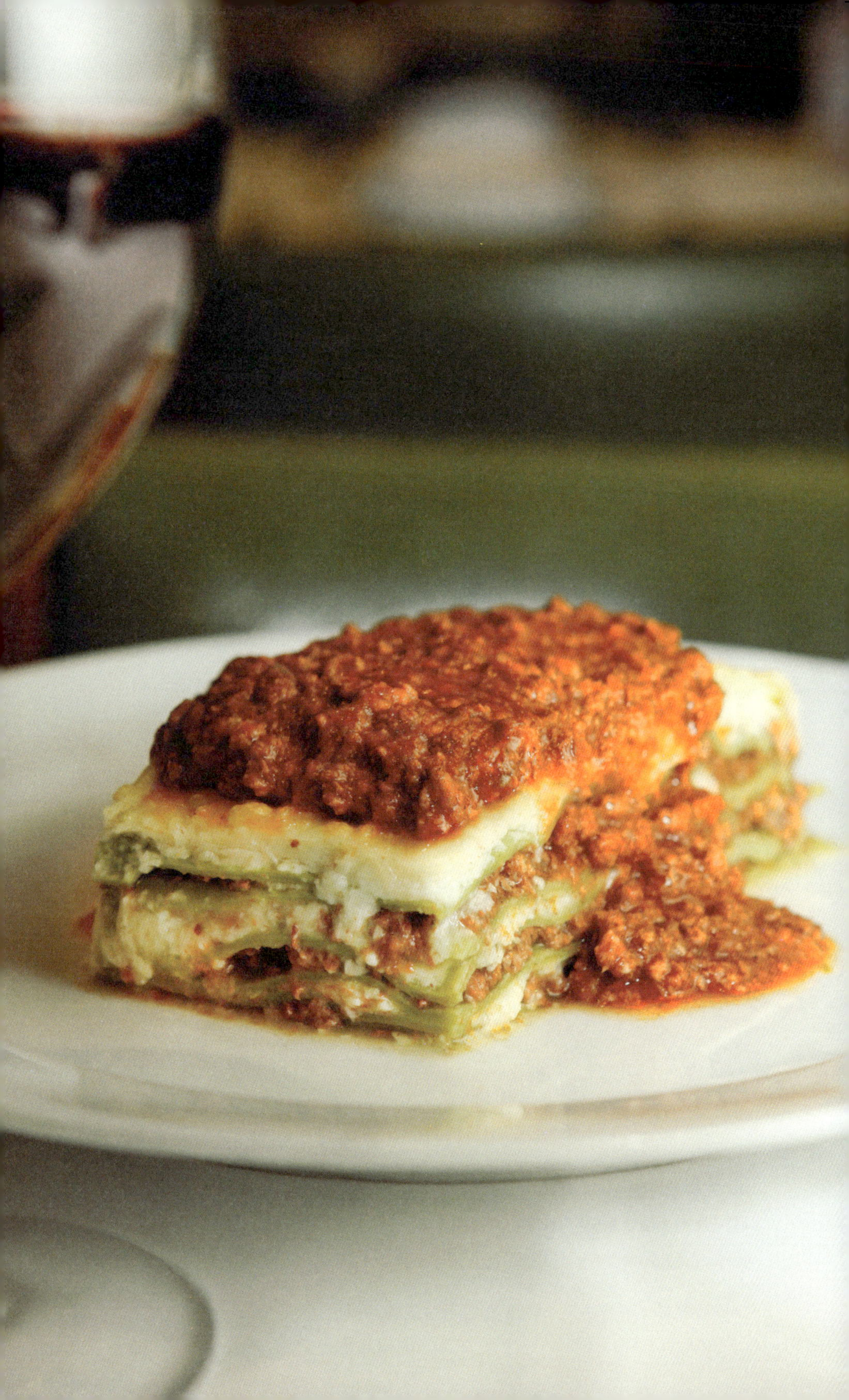

aberto em
1953

Ca'd'Oro

Quando o Ca'd'Oro fechou as portas no fim de 2009 com o compromisso de voltar a funcionar em 3 anos, totalmente renovado, houve quem desacreditasse na promessa. Passaram-se os anos de 2013, 2014, 2015 e nada. Mas o restaurante finalmente voltou a abrir as portas em 2016, dentro do hotel de mesmo nome, agora reinaugurado em um prédio moderno e imponente no endereço em que funcionou até seu fechamento. Foi um balde de água fria em cima dos pessimistas e dos secadores de todos os tipos e um ato de grandeza dos descendentes do fundador Fabrizio Guzzoni – não pelas novas proporções do edifício, mas por terem insistido na continuidade de um dos mais significativos restaurantes da história de São Paulo, que nos seus últimos anos de funcionamento já não gozava da mesma glória de seus tempos ilustres.

O Ca'd'Oro foi inaugurado por Fabrizio em 1953, na Rua Barão de Itapetininga. Três anos depois, mudou-se para a pequena Rua Basílio da Gama, onde foi construído também o prédio de seu hotel homônimo, o primeiro 5 estrelas da cidade – onde hoje funciona o Gran Corona, hotel que conta com o restaurante Alcazar, que ainda ocupa a antiga cozinha. Mas foi na Rua Augusta que o Ca'd'Oro viveu seus dias mais, digamos, dourados, sendo frequentado por ilustres de todas as estirpes e servindo culinária de rigor impecável, quando era uma das poucas casas da cidade a oferecer pratos das cozinhas do norte da Itália – do risotto alla milanese ao bolitto misto, o cozido clássico piemontês de carnes e vegetais que se tornou um símbolo do restaurante.

Ainda hoje, a receita é servida no carrinho, como antigamente, com o garçom fazendo à mesa o serviço da montagem do prato: primeiro fatiando – e narrando – as carnes (língua, codeguim, zampone, tender, picanha e frango), depois cortando os legumes, como cenoura, batata, repolho, chuchu. O gueridon, a mesa de apoio com rodas e tampa

* TIPO DE COZINHA *
ITALIANA CLÁSSICA

* PRATOS ICÔNICOS *
BOLLITO MISTO, CODORNA COM POLENTA, PATO À COLLEONI, CASSATA

WWW.CADORO.COM.BR/GASTRONOMIA

de prata com o logo do restaurante devidamente gravado, continua circulando entre os clientes às segundas, às sextas e aos domingos, quando é usado para servir os pratos do dia, como o bacalhau e a rabada. Até o chef, Ednaldo Barreto Reis, foi trazido da equipe anterior.

Outros pratos clássicos do Ca'd'Oro, cultuados por uma horda de gourmets em suas diversas épocas, como a codorna com polenta e a cassata, ainda figuram no cardápio. A bresaola, por exemplo, continua sendo *fatta in casa* como antes – mesmo que agora mais por apego ao passado do que por necessidade de não se encontrar o famoso embutido de carne bovina, como acontecia até a década de 1990, quando os ingredientes veramente italianos eram difíceis (quando não impossíveis) de se encontrar em São Paulo.

O apego ao passado, aliás, ainda ronda o atual Ca'd'Oro, não só no menu, mas também na decoração (os lambris, o veludo verde dos estofados, as luzes nos espelhos), nas louças e no piano de cauda de 1870 estacionado à frente da entrada do salão, que ainda busca uma elegância nostálgica que ficou em algum lugar indefinido da história do restaurante. Mas ares modernos, tanto do edifício de 27 andares recoberto de vidros espelhados quanto no novo posicionamento da equipe, agora supervisionada por outro Fabrizio, neto do patriarca da família, também parecem soprar, mesmo que ainda vagarosamente, nessa reabertura, que tem o desafio de reverenciar o respeitoso legado do restaurante, mas buscar não viver só dele.

★ Bollito misto alla piemontese ★

10 a 15 porções

para as carnes
- 1 kg de picanha bovina
- 1 kg de costela bovina
- 500 g de língua bovina
- 1 kg de músculo bovino
- 1 kg de tender
- 500 g de zampone
- 300 g de codeguim
- 1 kg de frango caipira inteiro e limpo

para os legumes
- 1 repolho inteiro
- 3 batatas-doces
- 3 batatas
- 2 chuchus
- 3 mandioquinhas
- 3 cenouras
- 12 cebolas-pérolas

para o acompanhamento
- 100 ml de vinho Marsala

carnes
Em uma panela grande com água fervente levemente salgada, adicione todas as carnes. Cada carne possui um tempo diferente de cocção, e pode haver variação dependendo do tamanho de cada peça. Coloque-as todas juntas e vá retirando as carnes à medida que estiverem cozidas. Reserve.

Codeguim, zampone e tender: 30 minutos
Língua: 45 minutos
Picanha e frango: 90 minutos
Músculo e costela: 120 minutos

legumes
Os legumes devem ser cozidos em outra panela, com água levemente salgada. É preciso retirá-los antes que comecem a desmanchar.

acompanhamento
Junte o líquido do cozimento das 2 panelas na proporção de 3 partes do caldo de carne para 1 parte do caldo de legumes. Filtre o líquido e ferva por 30 minutos, retirando toda a gordura da superfície com uma escumadeira. Adicione 100 ml de vinho Marsala para cada 5 litros de caldo. Sirva como consomê.

montagem
Fatie as carnes e esquente-as na frigideira com um pouco do consomê. Arrume-as num prato junto com os legumes e sirva com mais consomê a parte.

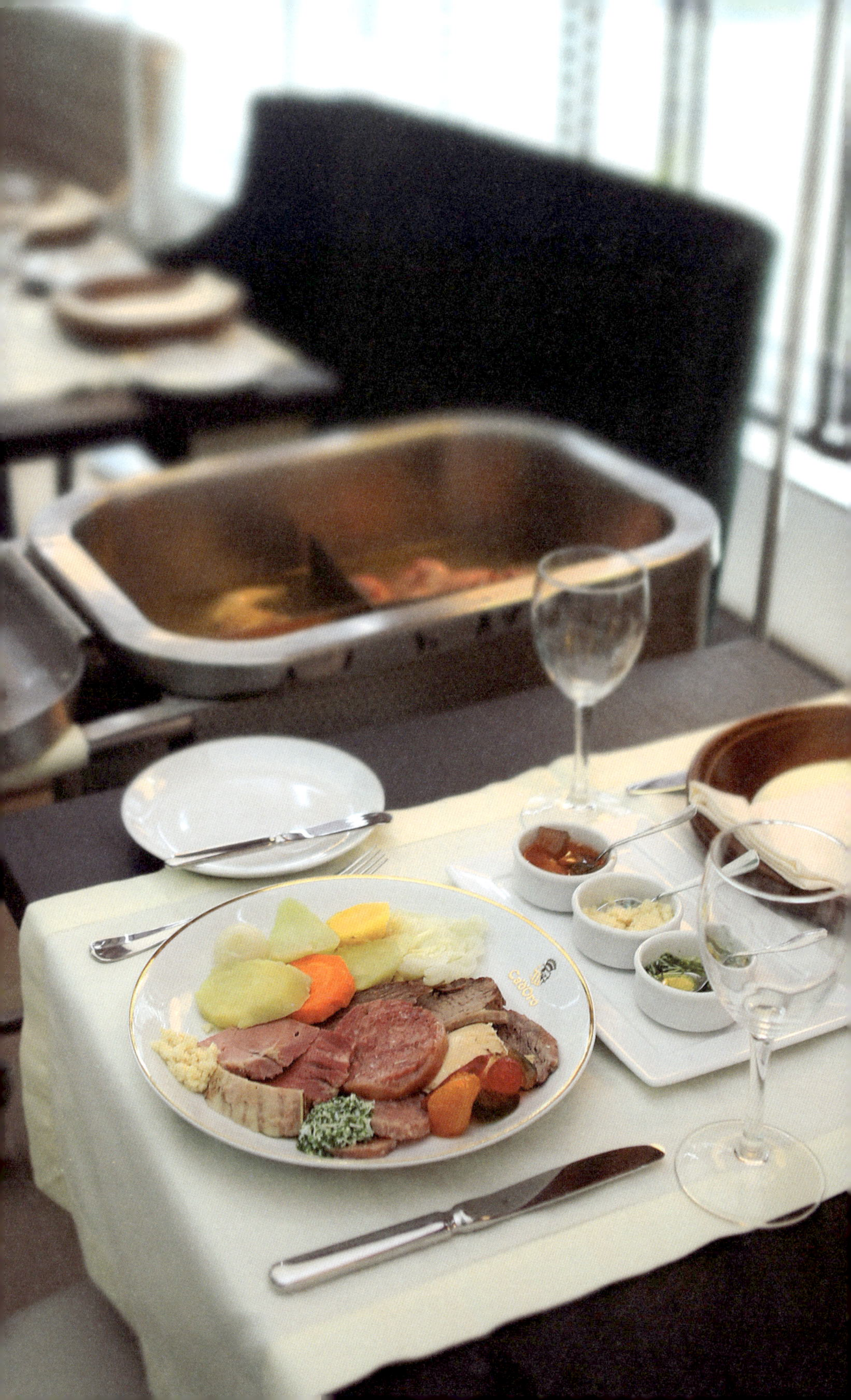

aberto em
1953 | *Ita*

Poucos lugares em São Paulo têm tanto a cara da cidade quanto esse pequeno e rústico espaço na Rua do Boticário, colado com o Largo do Paissandu. A começar pelos donos do restaurante: João e Luis Nunes Pedro são os irmãos portugueses que fizeram da cidade sua casa e, como muitos de seus conterrâneos, tocam seus negócios familiares com trabalho diário (estamos falando dos dias úteis, calma lá) e contas na ponta do lápis – que, no melhor espírito luso, está sempre atrás da orelha. É assim desde 1953, quando abriram as portas, revezando-se entre a cozinha e o atendimento. De lá pra cá, se tornaram nativos em uma cidade onde chegaram como estrangeiros, como muitos.

Outra característica que depõe a favor do espírito essencialmente paulistano do estabelecimento é o caráter democrático do balcão em forma de W que recebe de engravatados a dondocas, de mendigos a moderninhos. Em pé (não há mesas), todos comem seus PFs (pratos feitos) alheios aos companheiros de refeição. Vez ou outra alguém pede o saleiro (improvisado numa garrafinha PET), outro passa o guardanapo. Poucos conversam. Como a atmosfera da cidade, o entra e sai é constante, e o ritmo é frenético: por minuto, dezenas de pratos de vidro se chocam, com pouca delicadeza, no mármore do balcão.

Delicadeza que também não se encontra nos pratos: não há apresentação gourmet instagramável ali. O montinho de arroz vem logo cercado por um mar de feijão, às vezes querendo vazar pelas bordas. A mistura é servida em outro prato, assim como a salada. O comensal precisa ter certa destreza com os talheres para dar conta. O Ita não é um lugar para iniciantes.

Os pratos estão descritos em quadros caligrafados como nos anúncios das

* TIPO DE COZINHA *
BRASILEIRA TRIVIAL

* PRATOS ICÔNICOS *
ALMÔNDEGAS, BACALHAU À GOMES DE SÁ, CONTRAFILÉ A CAVALO, PUDIM DE LEITE CONDENSADO

RUA DO BOTICÁRIO, 31 – LARGO DO PAISSANDU

ofertas dos supermercados e colados nos azulejos adornados com cruzes de malta. Macarrão, só espaguete: ele pode ser ao sugo, à bolonhesa, à italiana, com calabresa, com carne assada ou com frango. O contrafilé também tem mais de dez versões, do acebolado com arroz ao a cavalo com fritas. Mas os maiores sucessos são mesmo os pratos da casa, muitos deles homenagem à baixa gastronomia paulistana cotidiana, como o Paissandu (bife, ovo, arroz e feijão) e o Paulistinha (carne assada, fritas, arroz e feijão). Sexta é dia de bacalhau, e os irmãos Pedro até arqueiam mais o sorriso.

O feijão às vezes passa do cozimento, as fritas nem sempre vêm sequinhas, mas é *fast comfort food* para multidões: a gente perdoa. Até porque, no final da refeição, tem sempre um jeito de adoçar a experiência toda. Aqui, com manjar de coco, arroz doce, creme de abacate e pudim de leite condensado regado com calda de caramelo. E "regado" não é força de expressão: Seu João vem com um regador de plástico e derrama uma quantidade considerável do líquido espesso sobre a sobremesa. Como São Paulo, o Ita não é feito de sutilezas.

★ Pudim de leite condensado com calda de caramelo ★

6 porções

para a calda
- 5 colheres de sopa de açúcar

para o pudim
- 1 lata de leite condensado
- 2 medidas (da lata de leite condensado) de leite
- 3 ovos
- 1 colher de sobremesa de amido de milho

calda
Em uma fôrma de pudim, derreta o açúcar em fogo baixo, formando uma calda. Espalhe essa calda por todo o fundo da fôrma.

pudim
Em um liquidificador, bata todos os ingredientes e despeje na fôrma untada com o caramelo. Leve ao fogo em banho-maria e verifique o ponto com um garfo. Retire do fogo quando ficar consistente. Coloque para gelar, desenforme e sirva.

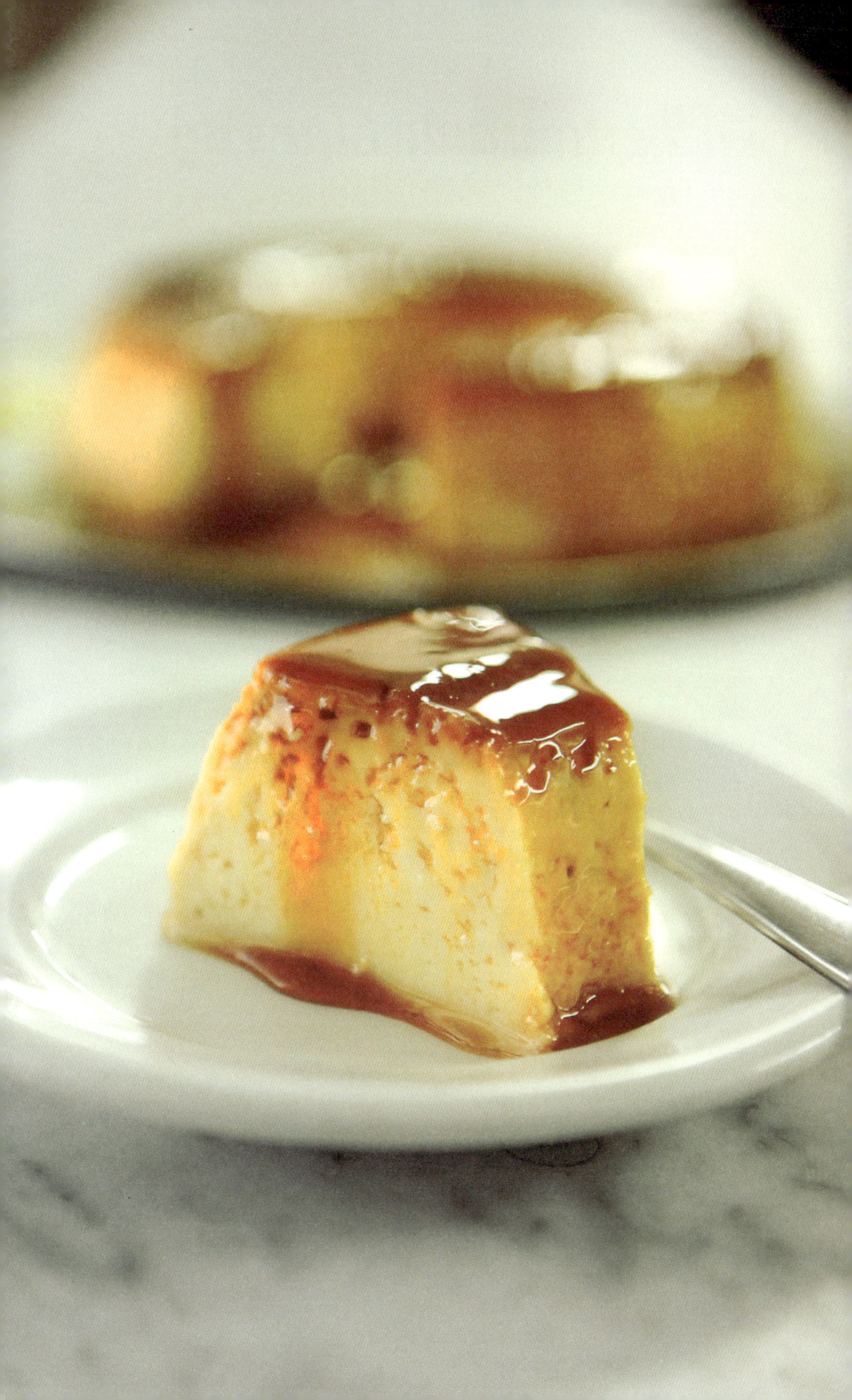

aberto em
1953

Restaurante Star City

O logotipo composto por uma estrela com cauda (ou seria um cometa?), o urso-mascote de cartola e terno branco desenhado no piso com uma bandeja dando as boas-vindas aos clientes, as duas vitrines nas colunas de entrada voltadas para a rua ostentando garrafas de uísque importado: tudo tem um espírito pitoresco para quem visita pela primeira vez o Star City. Mas, ao cruzar a porta, todo o clima de entrada de bufê infantil (para o público adulto, claro) faz sentido.

Há 6 décadas em pleno funcionamento, o Star City é uma relíquia da gastronomia de São Paulo: nascido no número 745 da Avenida Angélica, em 1962 se estabeleceu na Rua Frederico Abranches, onde está até hoje. O restaurante nasceu da vontade de José Quintino Vieira, seu fundador, ter um restaurante próprio, depois de anos trabalhando no ramo, no clássico Hotel Esplanada, inaugurado nos anos 1920. Na década de 1940, surgiu a oportunidade, e ele comprou o Bar e Restaurante Stork Club, na Angélica, e passou a administrar o estabelecimento. Anos depois, em 1953, descobriu algumas dívidas do antigo proprietário e teve que mudar de nome, já que, na época, curiosamente os estabelecimentos com outro registro não herdavam os débitos pendentes. Seu Quintino se viu, porém, com um problema: todo o enxoval do restaurante, entre pratos, guardanapos e toalhas, trazia as iniciais "SC". Para não perder o material, seus clientes sugeriram o nome Star City. E assim o restaurante foi batizado.

O cardápio daquela época continua quase genuinamente o mesmo; pouco mudou. Já eram servidos a canja de galinha, o supremo de frango à Georgetti, a picanha à crioula e outras receitas. A feijoada, que se tornou um clássico do Star City, também surgiu naquela época, para atender os estudantes da região. Ficou tão

★ TIPO DE COZINHA ★
VARIADA

★ PRATOS ICÔNICOS ★
FEIJOADA, FILÉ À CUBANA, SUPREMO DE FRANGO À GEORGETTI

WWW.STARCITY.COM.BR

famosa que fez a fama da casa e hoje está presente na maioria absoluta das mesas de toalhas claras do rústico e aconchegante salão de paredes cobertas de lambris – que ajudam a denunciar a idade e levar o cliente para uma São Paulo que parou no tempo, elegantemente decadente. Ela vem servida em cumbucas sempre quentes e com o denso caldo borbulhando devagar com todos os miúdos, acompanhadas de mandioca frita, banana à milanesa, bisteca, couve e laranja. É possível repetir quanto quiser. A ideia da feijoada à vontade, aliás, foi baseada nos rodízios, ou espetos corridos, que começavam a se tornar populares nas beiras de estrada pelo país na época. No Star City, o garçom faz o serviço à francesa – tanto no método quanto na discrição. Eventualmente pergunta se o cliente quer repetir algum item e oferece uma caipirinha feita à moda antiga, com o costumeiro residual de açúcar no fundo do copo. Um brinde ao passado, então. E aos restaurantes que souberam envelhecer orgulhosos das marcas do tempo.

★ Feijoada ★

10 porções

- 1 kg de feijão-preto
- 100 g de carne-seca
- 70 g de orelha de porco
- 70 g de rabo de porco
- 70 g de pé de porco
- 100 g de costelinha de porco
- 80 g de lombo de porco
- 100 g de paio
- 150 g de linguiça calabresa curada
- 2 cebolas picadas
- 1 maço de cebolinha
- 3 folhas de louro
- 6 dentes de alho
- 1 ou 2 laranjas
- Pimenta-do-reino
- Sal

Retire os pelos e o excesso de gordura e nervuras das carnes. Se escolher trabalhar com carnes salgadas, coloque-as de molho por 24 horas, trocando a água a cada 12 horas. Em uma panela grande, coloque água, o feijão e as carnes para cozinhar, visto que o cozimento em conjunto confere mais sabor ao feijão. Assim que cada tipo de carne alcançar seu ponto ideal de cozimento, retire-o da panela e reserve.

Quando todas as carnes estiverem cozidas, retorne as carnes reservadas à panela e coloque os temperos. Se desejar, acrescente outros temperos de sua preferência.

Sugestões para acompanhamento: bisteca de porco grelhada, bacon, torresmo, couve refogada, banana à milanesa, mandioca frita, arroz branco, laranja, farinha de mandioca crua e uma boa pimenta.

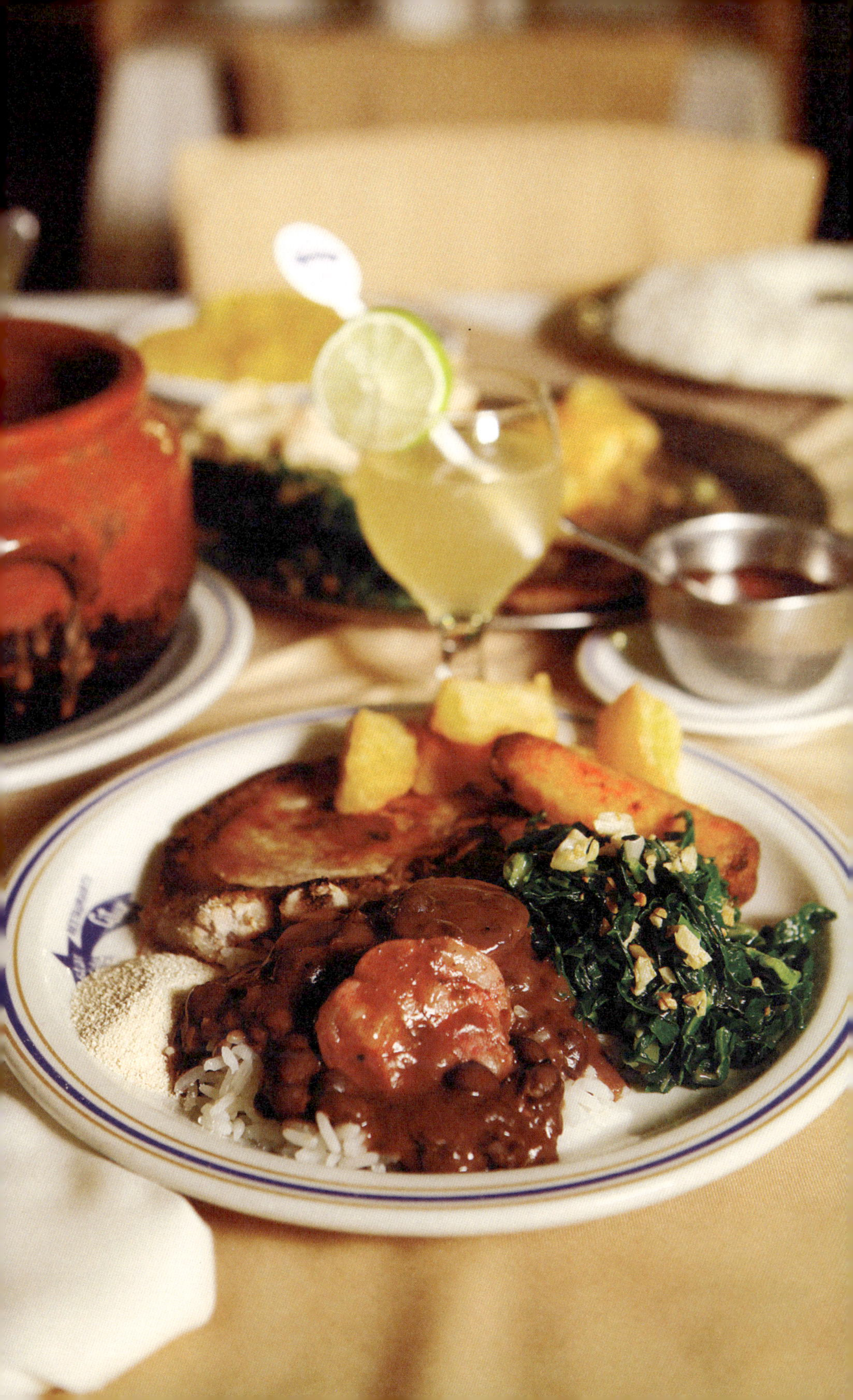

Fuentes
aberto em **1954**

Fala-se muito da presença de imigrantes italianos, árabes e japoneses em São Paulo e, principalmente, de suas influências na formação da cultura gastronômica da cidade – uma fusão de culinárias tão vastas que fizeram da capital paulista uma das mais atraentes para se comer no mundo. A afirmação não é exagero! Dá para medir a riqueza de uma metrópole pela diversidade de etnias que ajudaram a formá-la, principalmente quando o assunto é comida. E aqui, entre nordestinos, asiáticos, árabes e europeus, São Paulo montou uma variada e atrativa mesa para todos os tipos de famintos.

Os espanhóis também representaram um grande fluxo imigratório na cidade, trazendo debaixo do braço e na memória afetiva algumas receitas que ajudaram a definir a gastronomia paulistana. Severino Fuentes foi um deles. Mas antes de se estabelecer em São Paulo, em 1960, morou por alguns anos na cidade de Bauru, no interior do estado, onde, em 1954, inaugurou um restaurante de culinária espanhola que levava seu sobrenome. Seis anos depois, decidiu mudar com as panelas para a capital, instalando-se primeiro no Ipiranga e, depois, no número 149 da Rua do Seminário, no Centro, onde o Fuentes funciona até hoje servindo paella, puchero, bacalhau à espanhola e outras preparações com sotaque castelhano – além de opções mais abrasileiradas, que foram sendo incorporadas com os anos, como o espaguete com frango e agrião e a galinhada. A comida tem sabor caseiro, menos apegada às técnicas e aos apelos gastronômicos e mais ligada aos temperos de família. Desde que a matriarca da família, Dona Lola, pendurou as panelas, ainda na década de 1980, com a exigência que só houvesse mulheres na cozinha, quem toma conta da cozinha é Dolores Fernandez, neta de Seu Severino. Assim tem sido desde então, na preparação dos pratos do dia (o puchero, às terças, é boa pedida) ou das muitas receitas (entre carnes, massas e peixes) que figuram

* TIPO DE COZINHA *
ESPANHOLA

* PRATOS ICÔNICOS *
PAELLA À VALENCIANA, BACALHAU À ESPANHOLA, PUCHERO

WWW.RESTAURANTEFUENTES.COM.BR

no extenso cardápio – prova de que se trata, mesmo, de um restaurante tradicional. Cardápio enxuto é pra restaurante gourmet!

Mas os garçons, muitos dos quais fizeram carreira ali (quando garçom era mesmo uma carreira, não uma transição entre ocupações), não passam aperto: sabem na ponta da língua os detalhes das receitas que saem da boqueta instalada no canto direito do amplo e rústico salão, com certo ar de churrascaria dos anos 1980. Enquanto alguns deles se revezam em atender os clientes, os outros se mantêm curiosamente sentados numa mesa ao fundo, conversando ou comendo. Ali é todo mundo praticamente da mesma família. Aquela família espanhola a que todo comensal que sobe a escadaria que leva ao restaurante parece também querer se juntar.

★ Paella à valenciana ★

4 a 5 porções

- 200 g de peito de frango
- 250 g de lula
- 250 g de camarões (médios)
- 250 g de mexilhões
- 250 g de vôngoles com casca
- 100 g de linguiça cozida defumada
- 100 g de bacon picado
- 6 camarões-rosa
- 300 g de arroz parboilizado
- ½ xícara de chá de ervilhas frescas
- 2 ovos cozidos
- 1 cebola picada
- 2 dentes de alho picados
- 1 pimentão vermelho
- 1 pimentão amarelo
- ½ xícara de chá de azeite de oliva extravirgem
- Açafrão

Salgue todas as carnes separadamente e reserve. Numa panela, frite o frango no azeite até dourar e reserve. Na mesma gordura frite separadamente o bacon, a linguiça, a lula e os camarões (médios). Reserve os ingredientes. Ainda na mesma gordura, refogue a cebola, o alho e os pimentões. Leve todas as carnes fritas e reservadas de volta ao fogo e adicione 1 xícara de chá de água quente. Cozinhe por aproximadamente 15 minutos. Acrescente o açafrão, o arroz, os mexilhões, os vôngoles e 3 xícaras de chá de água quente e mexa apenas uma vez. Junte os 6 camarões-rosa, que serão usados para enfeitar o prato. Cozinhe em fogo baixo por aproximadamente 20 minutos. Cerca de 5 minutos antes de ficar pronto, retire os camarões--rosa, adicione as ervilhas e mexa. Se achar necessário, acrescente mais um pouco de água quente. Depois de pronto, mantenha a panela tampada por 5 minutos antes de servir. Enfeite com os camarões-rosa e os ovos.

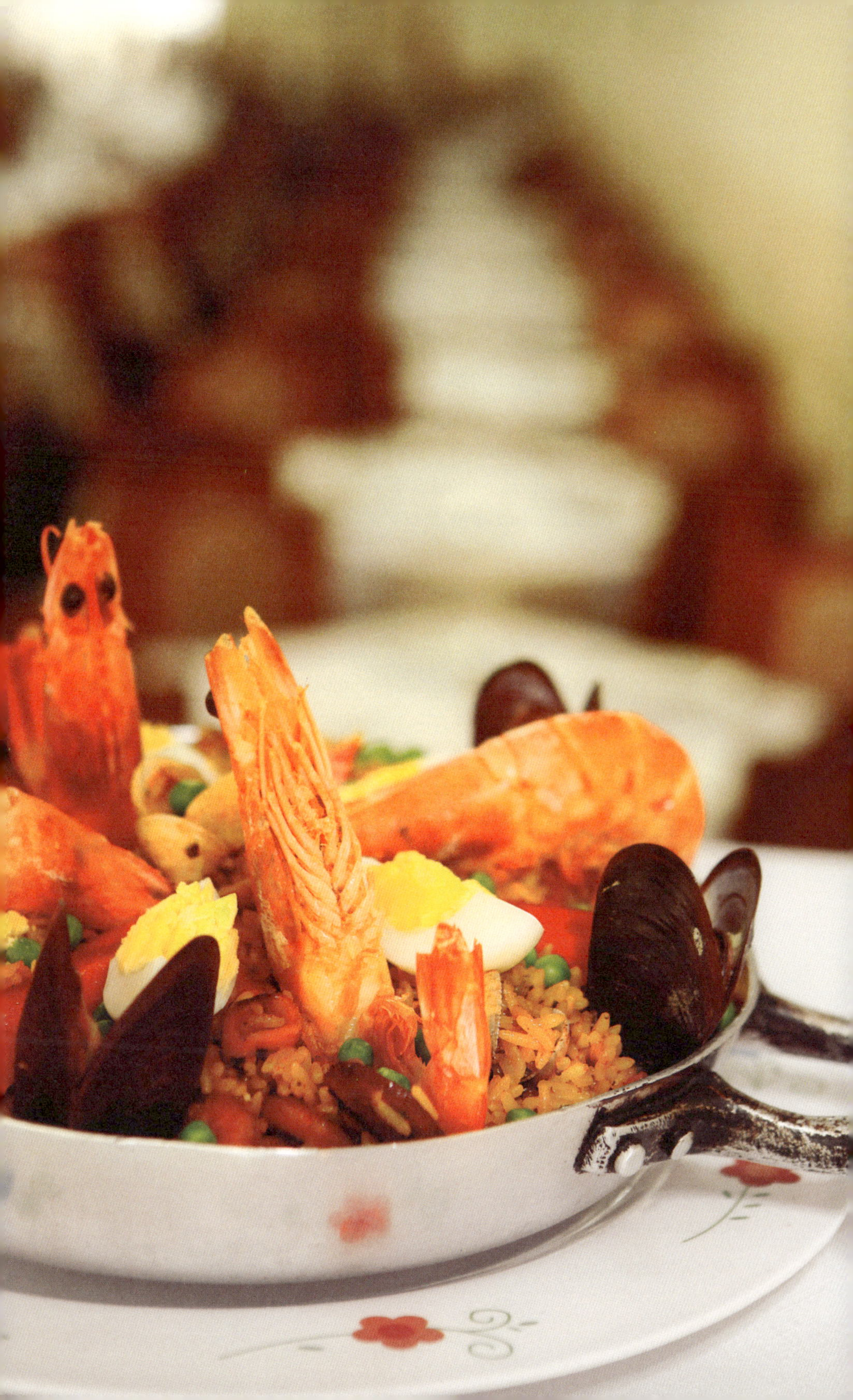

aberto em **1954** | *Jacob*

Em 1954, o libanês Jacob Mauad chegou a São Paulo com a ideia fixa de abrir um restaurante. De seu país natal, já escutava a história dos imigrantes que vieram antes dele e de como muitos prosperaram na cidade. Aos 33 anos, queria dar o primeiro passo em algum negócio que poderia lhe trazer bom futuro.

Recém-egresso, inaugurou o Jacob, uma portinha que servia esfihas, quibes e outras delícias, primeiro na Rua 25 de Março, frequentada por muitos armênios, mas também sírios e libaneses. Apesar das diferenças entre eles, as cozinhas desses povos têm muitas semelhanças. Suas correntes migratórias para a capital paulista ajudaram a desenhar por aqui toda uma variedade culinária que, de forma bem simplista, chamamos de "árabe". Pela falta de ingredientes aqui, essas cozinhas sofreram adaptações (como a troca da carne de cordeiro pela de boi e a adaptação de ervas e temperos) em muitos preparos que ajudaram a definir uma gastronomia paulista-armênio-sírio-libanesa muito própria – e muito representativa na capital paulista. A esfiha é tão paulistana quanto o pastel e a pizza. Voltando ao Jacob, um reduto dessa culinária típica da cidade, o restaurante começou como círculo restrito de libaneses na sobreloja de uma casa da Rua 25 de Março. Aos poucos, a via foi deixando de ser um ponto só de imigrantes e se tornando, a partir da década de 1960, o maior centro de comércio ao ar livre da América Latina. Poucos anos depois de ser aberto ali, o Jacob mudou-se para uma paralela da 25 de Março, a Rua Comendador Abdo Schahin. Ganhou uma nova loja a menos de 20 metros da primeira e, depois, novas unidades para além da região central da cidade: primeiro em Moema (em 1997), depois no Paraíso (2006) e mais recentemente no Itaim Bibi. Atualmente quem toca os negócios são 2 dos seus 6 filhos, Tony e Sônia – o pai faleceu em 2003, com mais de 8 décadas de vida, 5 delas passadas em São Paulo. Foram eles que

★ TIPO DE COZINHA ★

LIBANESA

★ PRATOS ICÔNICOS ★

ESFIHAS FOLHEADAS, QUIBE CRU, CAFTA NA BRASA, CHARUTO DE FOLHA DE UVA

WWW.JACOBRESTAURANTE.COM.BR

vislumbraram a chance de expandir os negócios para outros bairros: Seu Jacob não via a necessidade de sair do Centro, não. Hoje supervisionam tudo, principalmente a preparação das receitas, algo que merecia especial atenção do patriarca e que se tornou, claro, a marca da casa. Aprenderam a preparar as receitas com ele, mas agora as receitas são delegadas à equipe, que reproduz as criações com esmero: das esfihas (as abertas e folhadas) ao quibe cru, o preferido de Seu Jacob. Alguns clássicos libaneses também são servidos ali, como a fava ao alho e óleo, a cafta na brasa (que lhe confere delicioso sabor defumado) e a tripa recheada. Os doces ficam todos expostos num balcão, ao lado dos salgados, e são repostos o dia todo. Apesar das diferenças entre elas, o clima das quatro lojas que seguem funcionando (a de Moema fechou) é o mesmo: reconfortante e informal. Daqueles lugares em que o cliente se sente em casa. A unidade do Itaim é administrada por Rafael, neto de Seu Jacob, que estreia a terceira geração da família carregando a culinária libanesa perpetuada pelo avô e que se tornou indelével na cidade, um traço fundamental no cotidiano alimentar dos paulistanos – a horda de clientes que frequentam a 25 de Março que o diga. Quando pensou em abrir um negócio que teria futuro, nem mesmo Seu Jacob poderia supor que seria tanto assim.

★ Charuto de folha de uva ★

10 porções

para o recheio
- 250 g de arroz lavado
- ½ kg de patinho moído
- 1 colher de sopa de manteiga
- Sal
- 250 g de carne bovina com gordura (ver Dica do chef)
- 1 colher de café de pimenta síria

para os charutos
- ½ kg de folha de uva
- Suco de 1 limão

recheio
Misture o arroz cru, o patinho moído, a manteiga, a pimenta e o sal e reserve.

charutos
Escalde as folhas frescas ou em conserva antes de usar.
Estique bem as folhas com a parte opaca virada para cima. Retire com a faca a nervura do início da folha (talinho).

Coloque no centro da folha 1 colher de chá de recheio. Dobre as laterais e enrole formando um charuto fino, sem apertar muito.
Forre a panela do cozimento com as folhas maiores e distribua os charutos de forma circular e em camadas, deixando o meio livre para um cozimento uniforme (ver Dica do chef). Para que não desmanchem durante o cozimento, coloque um prato de louça sobre os charutos, cubra com água e tampe. Cozinhe por 1 hora ou até que a folha de uva esteja macia. Se necessário, acrescente mais água. Ao final do cozimento, acrescente o suco do limão e desligue o fogo. Retire a carne do centro, se a utilizar, e arrume os charutos em uma travessa. Sirva com coalhada fresca.

DICA DO CHEF

ADICIONE UM PEDAÇO DE CARNE COM GORDURA NO CENTRO DA PANELA DURANTE O COZIMENTO PARA QUE OS CHARUTOS FIQUEM MAIS MACIOS E SABOROSOS.

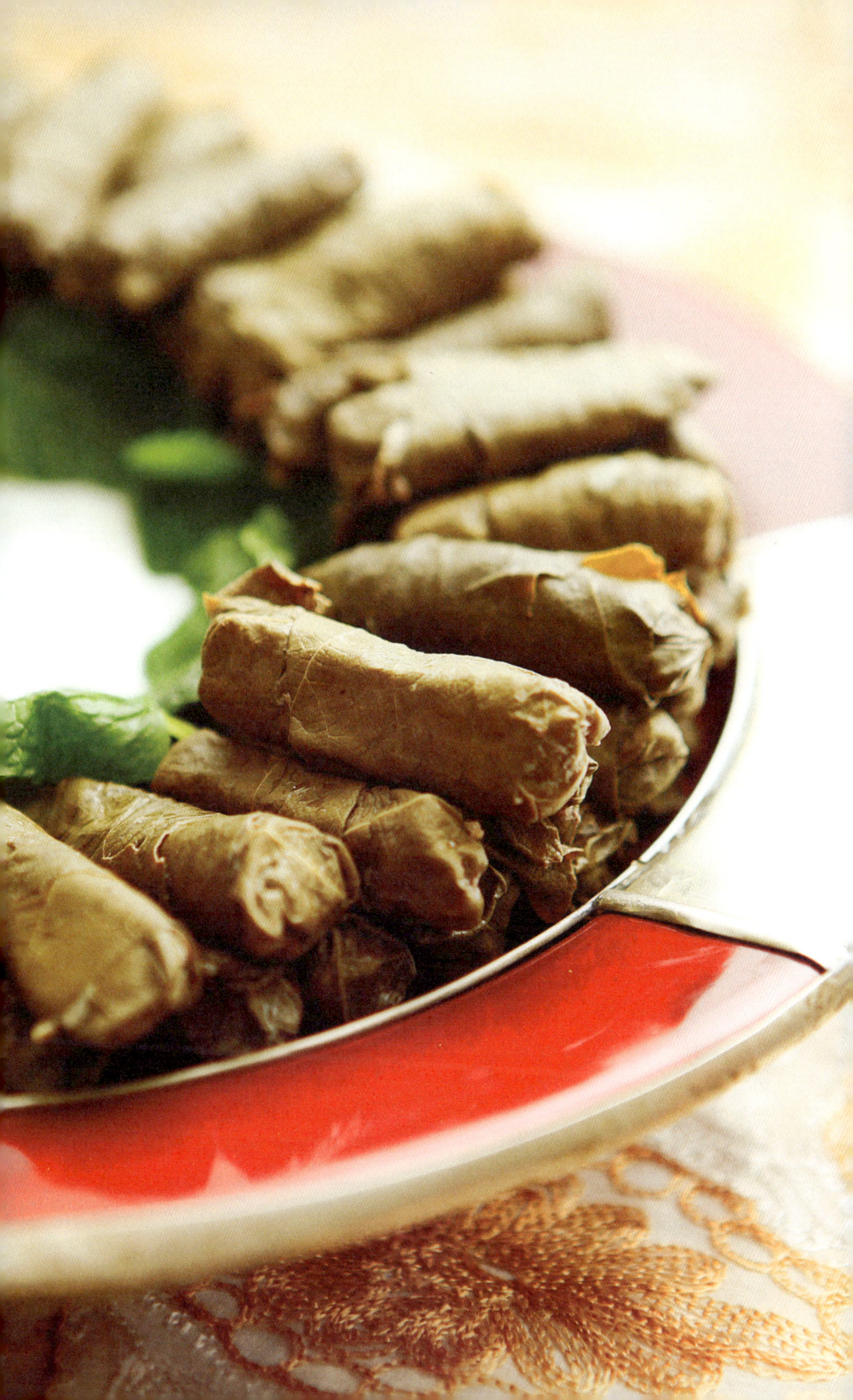

aberto em
1954

La Casserole

O restaurante fica no Largo do Arouche, mas podia estar em qualquer viela de Paris. O mercado das flores, à frente, dá todo o clima francês a esse que talvez seja o mais legítimo bistrô de São Paulo – tanto no conteúdo, com clássicos da *cuisine française* feitos como nos mais tradicionais endereços parisienses, quanto na forma, com salão aconchegante e imponente, garçons de alvos ternos brancos a transitar com regrada gentileza pelas mesas.

Desde que o casal Roger e Fortunée Henry decidiu instalar ali o restaurante, em 1954, o La Casserole se tornou um bastião de *résistence*: soube envelhecer pelos mais de 60 anos sem perder o fôlego (a cozinha ainda surpreende, a equipe continua afinada). E, principalmente, sem ruir em meio à degradação da região central das últimas décadas, mantendo-se firme no mesmo endereço – um dos poucos entre os cinquentões da capital paulista. Tornou-se um patrimônio gastronômico de São Paulo, que hoje é tocado com bravura pela filha única do casal, Marie-France, com o apoio de seu filho Leonardo – terceira geração dos Henry.

A casa só passou por mudanças mais significativas de cardápio depois de suas primeiras 4 décadas, quando novos pratos foram incorporados ao cardápio tradicionalista. A partir daí, Marie se empenhou em manter um novo ritmo de trabalho na cozinha, com inclusão de receitas mais frequentes e menus temáticos, em compasso com a onda da *bistronomie*, sem, no entanto, perder o ponto de referência da tradição, que sempre foi um diferencial do La Casserole. Clássicos da casa continuam atuais, como o steak tartare com fritas fininhas e perfeitas, que é preparado pela brigada à mesa, em um saboroso espetáculo coreografado, difícil de ver em cartaz em outras casas – a junção da carne com os outros ingredientes e temperos aos olhos dos clientes. Ou ainda o confit de pato, feito com esmero,

⋆ TIPO DE COZINHA ⋆

FRANCESA

⋆ PRATOS ICÔNICOS ⋆

TERRINE DE FOIE GRAS, STEAK TARTARE, GIGOT AUX SOISSONS

WWW.LACASSEROLE.COM.BR

e o cassoulet, pedida que vai bem no almoço de fim de semana. Todos os pratos passam pelas mãos de Antônio Jerônimo da Silva, que integrou a equipe em 1967, como lavador de pratos, e alçou o posto de chef de cozinha. Uma história que se integra à própria história da casa. O serviço atencioso é também um dos mais autênticos da cidade, herança do fundador Roger, que, nascido em Paris, aprendeu os requintes da boa mesa francesa (quase uma redundância!) em passagens por salões de grandes restaurantes e hotéis parisienses. Com a ajuda da esposa para receber os clientes, cravou na história da restauração paulistana sua contribuição por uma atmosfera de sala gentilíssima – o ponto mais importante para um bom serviço, afinal. O La Casserole é um restaurante de outros tempos, mas para todos os tempos. O jeito mais fácil e rápido de viajar para Paris, desembarcando direto no Arouche – que, convenhamos, facilmente poderia ser o nome de uma estação parisiense.

★ Steak tartare ★

4 porções

para a carne
- 720 g de filé-mignon limpo e picado na ponta da faca
- 60 ml de azeite de oliva extravirgem
- 40 ml de molho inglês
- 60 g de ketchup
- 140 g de mostarda de dijon
- 40 g de cebola picada
- 40 g de alcaparras picadas
- 20 g de salsinha picada
- Sal
- Pimenta-do-reino branca

para a batata
- 600 g de batata para fritura
- 500 ml de óleo de canola
- Sal

para a montagem
- 4 gemas (opcionais)
- 4 ramos de ciboulette ou cerefólio

carne
Em um recipiente grande, misture todos os ingredientes, deixando a carne por último. Mexa até obter uma consistência bem homogênea.

batata
Corte em bastonetes regulares e mantenha em água para que não escureçam.
Aqueça uma panela grande com o óleo a 160 ºC e adicione as batatas. Depois de fritas, coloque-as sobre papel absorvente para secar.
Pouco antes de servir, aumente o fogo para 180-200 ºC e frite novamente as batatas, em pequenas porções, para que o óleo não esfrie. Retire-as quando estiverem douradas. Seque as batatas novamente e adicione o sal.

montagem
Tradicionalmente, o steak tartare é servido com uma gema crua. Caso queira acrescentá-la, a carne crua e temperada deverá ser dividida em 4 porções e a gema misturada a cada uma delas junto com 1 ramo de ciboulette ou cerefólio.

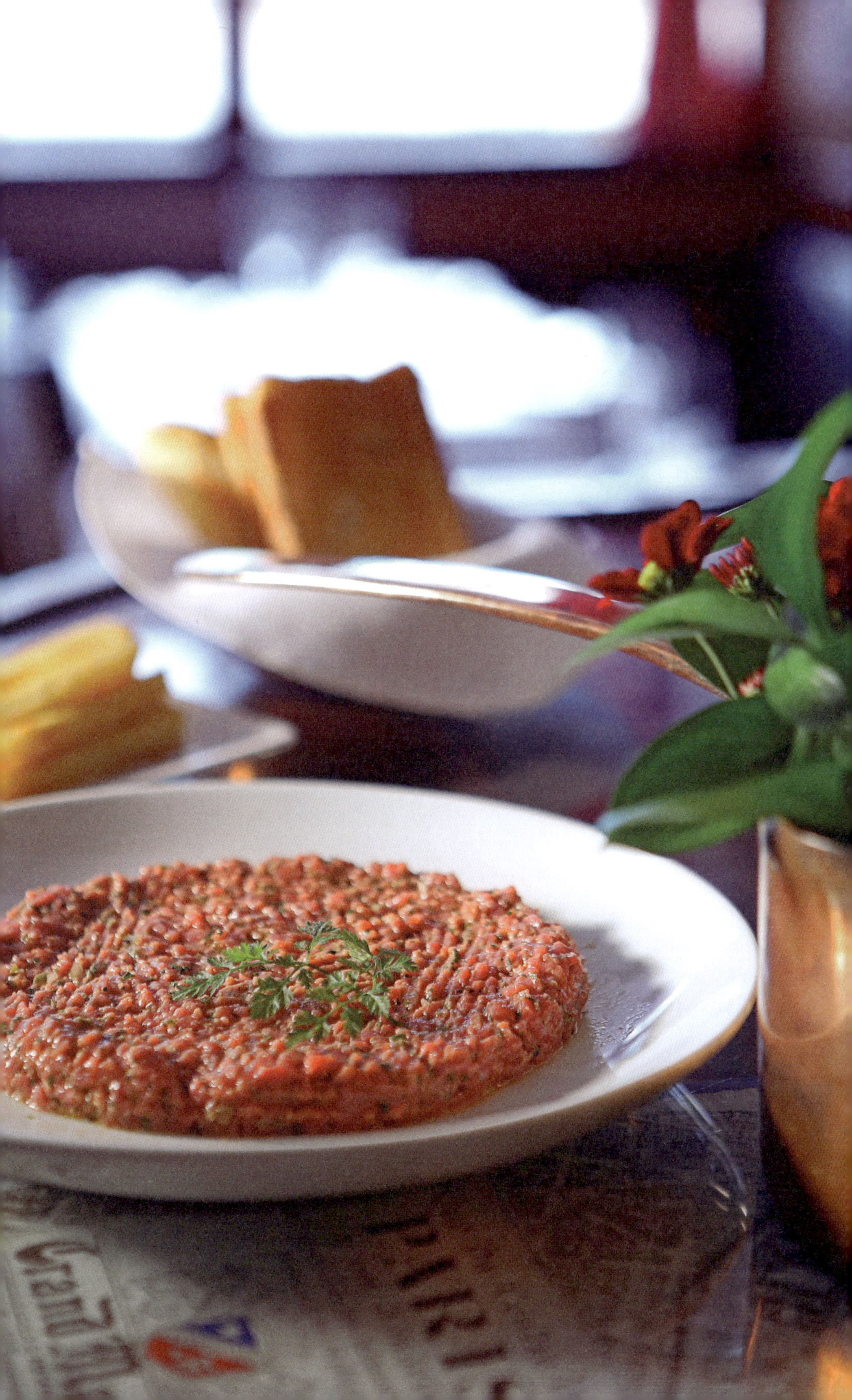

aberto em
1954

Roma Ristorante

Enquanto as cantinas e pizzarias tradicionais dominaram a cena gastronômica paulistana, especialmente desde a metade do século passado, a *cucina italiana* também foi marcando presença na cidade em restaurantes de conceitos mais, digamos, refinados. A família Fasano foi uma das precursoras nesse sentido. Mas não a única. Os Casalena também deram sua contribuição para a disseminação da culinária italiana na cidade, mais especificamente no bairro residencial de Higienópolis, onde transformaram o casarão da família na Rua Maranhão, que antes funcionava como pensão e onde também vendiam massas artesanais, em um dos restaurantes mais tradicionais da capital paulista.

Famoso por abrigar filhos de fazendeiros do interior e outros abastados que vinham estudar na cidade, principalmente pela proximidade ao Mackenzie, o endereço contava até com garçons com luvas servindo os moradores do pensionato. Mas as massas artesanais vendidas na parte de baixo do portentoso sobrado passaram a deixar mais claro o potencial do espaço. Em 1954, Zopito Casalena resolveu abrir ali uma pequena cantina – aproveitando as receitas já famosas da esposa, Cátia, que fazia as massas. O casal já era proprietário do Tibério, restaurante tradicional localizado na Avenida Paulista.

Nascia assim o Roma, com um diminuto salão que servia refeições caseiras. O boca a boca se alastrou e foi preciso ampliar o espaço, incluir mais mesas. E assim o casarão deixou de hospedar jovens para oferecer refeições e ir, aos poucos, gravando seu nome na cena da restauração paulistana. Nos anos 1970 e 1980, virou um ponto em que todos os jovens mackenzistas queriam ser vistos: qualquer estudante universitário que quisesse impressionar a namorada tinha que levá-la para jantar na Cantina Roma. Em 1986, o casal Casalena vendeu o restaurante, que foi adquirido pelos

★ TIPO DE COZINHA ★

ITALIANA

★ PRATOS ICÔNICOS ★

AGNOLOTTI AL TRIPLO BURRO COM PASSAS, CAPELLINI À GIORGIA, STRUDELLI À ROMA

WWW.ROMARISTORANTE.COM.BR

sócios Adriano Diniz dos Santos, José de Jesus Souza e seu irmão Oscar, os mesmos à frente do também histórico Itamarati. O Roma foi deixando para trás seus ares de cantina (mesmo que mais sofisticada que as do Bexiga), com embutidos pendurados no teto ao lado de garrafas de Chianti envoltas em palha, para ir ganhando a cara que tem até hoje, com salão elegante, serviço formal mas atencioso, e o indefectível carrinho de antepastos a circular pelas mesas. A última reforma aconteceu há pouco mais de 10 anos, quando também ganhou o "Ristorante" no nome, mostrando o atual conceito da casa. Mas o cardápio, que é o principal, pouco mudou. Embora tenha deixado pelo caminho alguns pratos que foram ficando muito datados (como o supremo de frango à la Kiev e o filé tibério, que eventualmente ainda são servidos se solicitados por algum antigo habitué), as massas dos tempos de Dona Cátia permaneceram, como é o caso da lasanha verde à bolonhesa, o agnolotti al triplo burro com passas e o delicioso capellini à Giorgia, com molho branco e camarões gratinados. Outras receitas foram adicionadas, como o panzerotti de vinho tinto com cabrito, mostrando um aceno para uma maior sofisticação do cardápio, que conta também com opções de *piccolo piatto*, ou pratos servidos mais alinhados à gastronomia contemporânea (com porções mais reduzidas) do que com a tradição das cantinas, onde a fartura era o que importava. Bonito de se ver o Roma envelhecer com tamanha elegância – algo que nem todos conseguem fazer.

★ Ravióli de búfala à primavera ★

1 porção

para o recheio
- 600 g de mozarela de búfala
- 2 colheres de sopa de orégano
- 2 colheres de sopa de azeite de oliva extravirgem
- Sal

para o molho
- 1 colher de sopa de azeite de oliva italiano extravirgem (DOP)
- 140 g de tomate sem pele e sem sementes
- 10 g de alho frito
- 200 ml de molho de tomate
- ½ colher de sopa de folhas de manjericão fresco
- Sal

para a massa
- 500 g de farinha de trigo
- 250 g de semolina
- 7 ovos

para a montagem
- ½ colher de sopa de manteiga
- 70 g de mozarela de búfala picada
- ½ colher de sopa de folhas de manjericão fresco

recheio
Corte a mozarela de búfala em cubos e tempere com azeite, orégano e sal. Reserve.

molho
Numa frigideira, coloque o azeite e refogue o tomate sem pele e sem sementes. Após refogado, acrescente o alho frito, o molho de tomate, o manjericão, sal a gosto e reserve.

massa
Em uma bacia coloque a farinha de trigo, a semolina e os ovos. Amasse até obter uma massa firme. Caso a massa grude nas mãos, acrescente mais farinha e amasse novamente. Com o rolo de macarrão ou um cilindro, estique a massa no formato de uma folha. Polvilhe farinha sobre uma fôrma de ravióli e acomode a massa esticada. No centro de cada ravióli, acrescente um pouco do recheio temperado. Borrife água por todos os raviólis e cubra-os com outra folha de massa esticada, do mesmo tamanho e espessura.
Para cortar os raviólis, passe o rolo de macarrão por cima da fôrma com massa com força. Destaque-os e

retire o excesso de massa. Repita essa operação até terminar toda a massa. Cozinhe os raviólis em água fervente com sal até ficarem al dente, o que dependerá da espessura da massa (em média, de 10 a 12 minutos). Após cozidos, escorra os raviólis, transfira-os para uma travessa, cubra com o molho e sirva.

montagem

Em uma frigideira, aqueça a manteiga e salteie os raviólis. Finalize a montagem em um prato colocando o molho refogado sobre a massa. Acrescente a mozarela de búfala picada e salpique com manjericão.

aberto em
1954

Tatini Restaurante

O couvert chega à mesa com uma cesta de pães, grissinis e torradas (em embalagens plásticas), mais manteiga, azeitonas, patê de berinjela e ótimos vôngoles. Tudo é fartura, nada é minimalismo gourmet. O ambiente tem lambris por toda a extensão, cadeiras estofadas, grandes molduras com pinturas de natureza morta e carpete. Tudo como convém. O bar da entrada, sempre tomado, é a antessala de espera (quase sempre há espera) para o cliente ir desacelerando, entrando no clima. Logo que se é convidado a sentar e adentra-se o largo salão, chama a atenção o trânsito de carrinhos levados com destreza por garçons pelos corredores formados entre as mesas. Estamos no Tatini, restaurante que há 3 gerações mantém a família de mesmo nome no mercado da restauração paulistana.

Casimiro Tatini foi o patriarca que iniciou toda a tradição, ainda em Florença, na Itália, quando abriu o primeiro restaurante da família, o Antico Fattore. Um de seus filhos, Fabrizio, mudou-se para o Brasil em 1953 e, um ano depois, inaugurou o restaurante Don Fabrizio em Santos, no litoral do estado, onde já usava o fogareiro na preparação de pratos junto aos clientes. Após 4 anos, abriu uma nova casa em São Paulo na Alameda Santos com direito à presença da guarda de honra do então governador Adhemar de Barros recebendo os convidados na inauguração. Neste endereço a família permaneceu até 1982, tendo em 1983 aberto o Tatini na Rua Batataes. Hoje quem dirige o Tatini é Fabrizio, neto e homônimo de seu fundador, falecido em 1980, que mantém a tradição familiar na capital paulistana em uma casa de natureza italiana, *ma che!*, mas sempre tendo em vista o classicismo da culinária internacional que dominava a gastronomia da época. Algumas receitas seguem no cardápio desde a abertura do restaurante sem a preocupação de terem ficado datadas. O steak

★ TIPO DE COZINHA ★

ITALIANA COM INFLUÊNCIAS INTERNACIONAIS

★ PRATOS ICÔNICOS ★

MARISCOS À BOURGUIGNONE, STEAK À DIANA, LINGUINI NEL GRANA PADANO

WWW.TATINIRESTAURANTE.COM.BR

à Diana, por exemplo, um antigo clássico paulistano (que ganhou fama na cidade entre as décadas de 1960 e 1980, mas não foi aqui criado, vale dizer), resiste ali quase como um dos últimos representantes de uma espécie de animal em extinção – é tarefa árdua encontrar no cardápio de estabelecimentos da cidade o clássico filé-mignon em paillard, batido bem fininho, e flambado no conhaque, coberto por molho mostarda e salsinha, caldo de carne e tomate. Tudo ali é uma excelente desculpa para a afinada brigada do restaurante se exibir, provando que já não existem mais garçons como os daqueles tempos de Don Fabrizio, peritos no serviço à mesa e mestres do ato de cozinhar, cumprindo o ritual do réchaud na frente do cliente, que observa o esmero de movimentos e técnicas que faltam a muitos chefs por aí. O que os garçons-cozinheiros fazem na mesa preparando o linguini em uma peça inteira de grana padano, o queijo duro italiano feito às margens do Rio Pó, ou flambando o crepe suzete com labaredas cenográficas, é mesmo um espetáculo. Tem um quê de lúdico, de arrebatador. Algo que todo mundo tinha que pagar pra ver pelo menos uma vez, sob o pretexto (se é que precisa!) de deixar o show continuar.

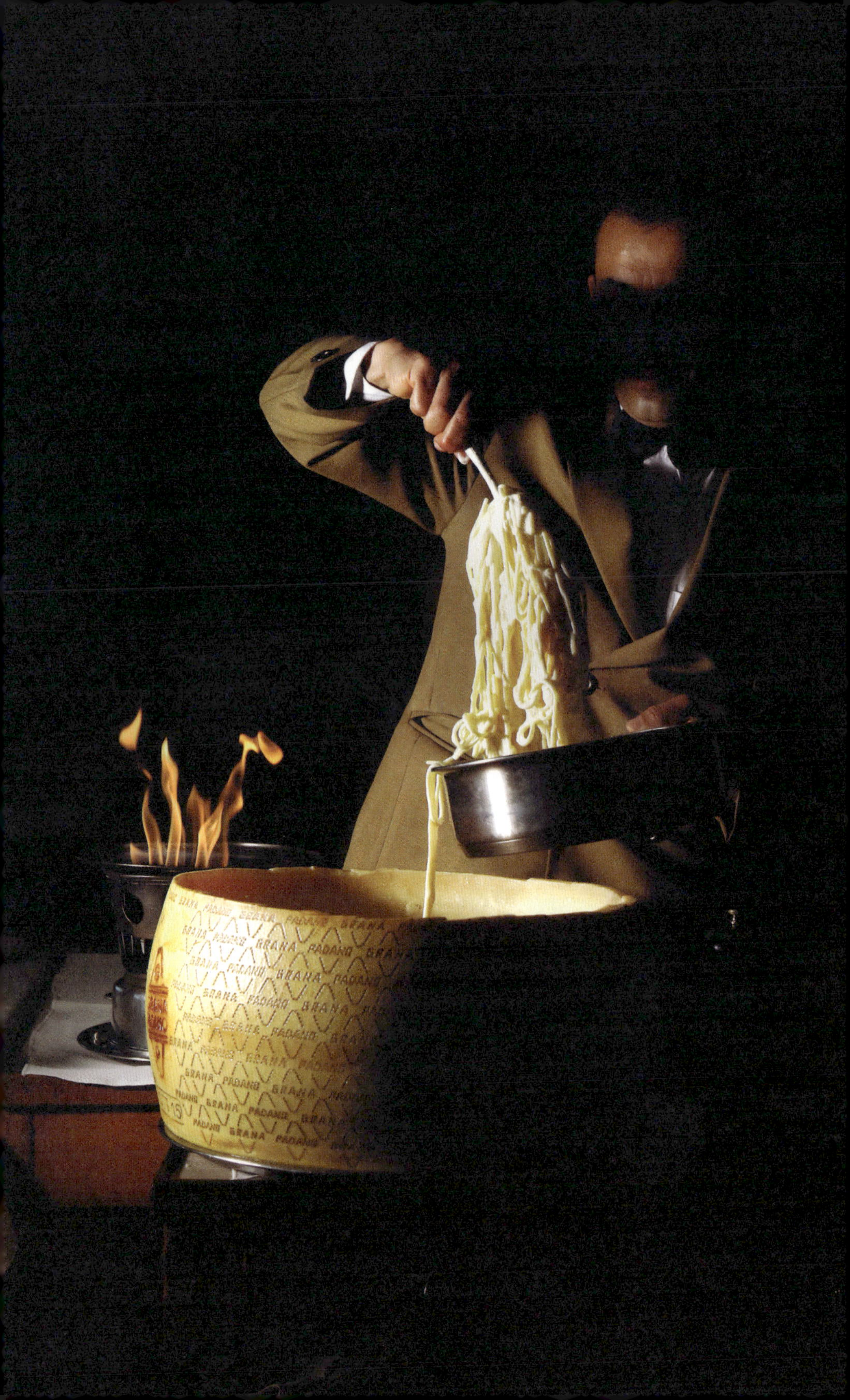
GRANA PADANO

★ Linguini nel grana padano ★

1 porção

- 120 g de linguini
- 50 g de manteiga
- 50 ml de creme de leite fresco
- 120 g de raspas de queijo grana padano

DICA DO CHEF

USE MASSA SECA, POIS SUA ELASTICIDADE PROPICIA UM MELHOR RENDIMENTO.

Derreta a manteiga na frigideira.
Ferva o creme de leite fresco e adicione o queijo grana padano.
Misture tudo em um recipiente.
Cozinhe o linguini e depois transfira-o para o recipiente com o creme pronto.
Devolva a pasta já misturada ao creme para a frigideira para finalizar.
Se desejar, acrescente pimenta-do--reino moída na hora.

aberto em
1955

Marcel Restaurant

Restaurantes familiares existem aos montes em São Paulo. Mas poucos são aqueles que atravessaram décadas com sucesso e sem a necessidade de se prender estritamente a sua história e a suas receitas mais tradicionais. O Marcel é um dos poucos decanos da cena gastronômica paulistana que mantiveram o corpo de 60 com alma de 30. Ou um pouquinho a mais que isso, para sermos mais exatos, de acordo com a idade do chef à frente de sua cozinha. Raphael Durant Despirite, que desde 2002 comanda as panelas Staub nos fogões do restaurante, é neto de Jean Durant, o francês que decidiu comprar de um amigo, o compatriota Marcel Aurières, um pequeno bistrô na Rua Epitácio Pessoa para chamar de seu – embora o restaurante mantenha até hoje o nome de seu fundador.

Jean chegou ao Brasil em 1951, deixando para trás seu trabalho na famosa confeitaria do pai, um renomado chocolatier de Lyon. Confeiteiro de formação e hábil cozinheiro, logo encontrou trabalho no La Popote, um dos primeiros e mais consagrados restaurantes franceses da cidade. Anos depois, surgiu a oportunidade de aquisição do Marcel, onde começou a desenvolver suas versões para clássicos franceses como os escargots à la bourguignonne e o steak tartar, que seguem até hoje no cardápio. A pedido de um cliente assíduo, elaborou uma receita de suflê e mais outras que, com os anos, se tornaram uma identidade da casa, que passou a funcionar nos Jardins (primeiro na Alameda Lorena e, depois, na Rua da Consolação, onde está até hoje). O suflê de queijo gruyère foi eleito pelo jornal *O Estado de S. Paulo* um patrimônio gastronômico da cidade. Mas não são menos clássicos, é preciso dizer, outras versões da receita servidas ali, como o da casa, com

* TIPO DE COZINHA *

FRANCESA

* PRATOS ICÔNICOS *

SUFLÊS, MAGRET DE PATO AO VINHO DO PORTO COM PURÊ DE MANDIOQUINHA, PROFITEROLES COM SORVETE DE BAUNILHA

WWW.MARCELRESTAURANTE.COM.BR

camarões, gruyère e cogumelos, e o de goiabada ou uma versão mais recente, de cupuaçu.

Mas Raphael não quis que o Marcel vivesse só de seus patrimônios gastronômicos. Depois de trabalhar, aos 14 anos, como assistente de cozinha no restaurante da família, formou-se em gastronomia na França, na École Ritz Escoffier, do Hotel Ritz de Paris. Foi a Portugal e voltou ao Brasil para assumir o dólmã do avô. Mesmo que tenha tombado no menu os pratos clássicos, tratou de desenvolver suas próprias receitas, de forma a buscar uma evolução natural, ainda que tímida, do negócio. Respeitando a tradição francesa, inseriu no cardápio opções como as coxinhas de rã com creme de alho e azeite de cebolinha-francesa e o saboroso nhoque de mandioquinha com creme de grana padano e manteiga de trufas brancas. Também teve a boa sacada de criar um cardápio de preço fixo, como os bistrôs franceses, para tornar a experiência mais acessível, como pede o atual momento da gastronomia – o que anulam as desculpas para se sentar numa das mesas do clássico e arejado salão e ter ali uma belíssima experiência.

Quando não está na cozinha do Marcel, o chef também joga em outros campos. Atua no Fechado para Jantar, um projeto que leva eventos de gastronomia a cantos inusitados de São Paulo, numa mistura de programa de lazer e ocupação da cidade pela comida, uma das iniciativas mais inovadoras da cena paulistana hoje. Também dá expediente em feiras e eventos gastronômicos da cidade com o seu hot dog francês – uma versão *cuisine française* para o popular sanduíche. De volta à cozinha do restaurante da família, troca de uniforme e joga em casa, mantendo a bola da tradição entre as linhas e o placar sempre em vantagem. Para o cliente, é claro.

★ Souflé de queijo gruyère ★

4 porções

para o bechamel
- 50 g de manteiga
- 10 g de cebola picada
- 1 folha de louro
- 50 g de farinha de trigo peneirada
- 1 litro de leite frio
- Sal
- Noz-moscada

para o suflê
- 200 g de queijo gruyère
- 400 g de molho bechamel
- 8 gemas
- 10 claras em neve
- 20 g de queijo parmesão ralado

bechamel
Em uma panela, derreta a manteiga e doure a cebola junto com a folha de louro em fogo médio. Acrescente a farinha e mexa com um fouet (batedor). Junte o leite e continue mexendo até que o molho engrosse. Tempere com sal e noz-moscada. Reserve.

suflê
Em uma frigideira, derreta o queijo gruyère. Acrescente o molho bechamel e mexa. Adicione as gemas e continue mexendo, até ficar homogêneo.
Bata as claras em neve e incorpore-as à massa com a ajuda de uma escumadeira. É importante que o movimento seja delicado, de baixo para cima, para preservar as bolhas de ar. Distribua a mistura em ramequins individuais (forminhas redondas de louça), formando a base do suflê. Polvilhe o queijo parmesão ralado por cima e asse em forno preaquecido a 200 ºC até que o topo do suflê esteja dourado. O tempo de cocção depende de cada forno. Sirva imediatamente.

DICA DO CHEF

A ETAPA MAIS DELICADA DO PASSO A PASSO É A DE INCORPORAR AS CLARAS BATIDAS EM NEVE À MASSA. AS BOLHAS DE AR PRESENTES NESSA ESPUMA DE OVOS SÃO RESPONSÁVEIS PELO CRESCIMENTO DO SUFLÊ. SE NÃO FOSSE POR ELAS, A MASSA NÃO INFLARIA. POR ISSO, TOME MUITO CUIDADO NA HORA DE INTEGRÁ-LAS À MASSA.

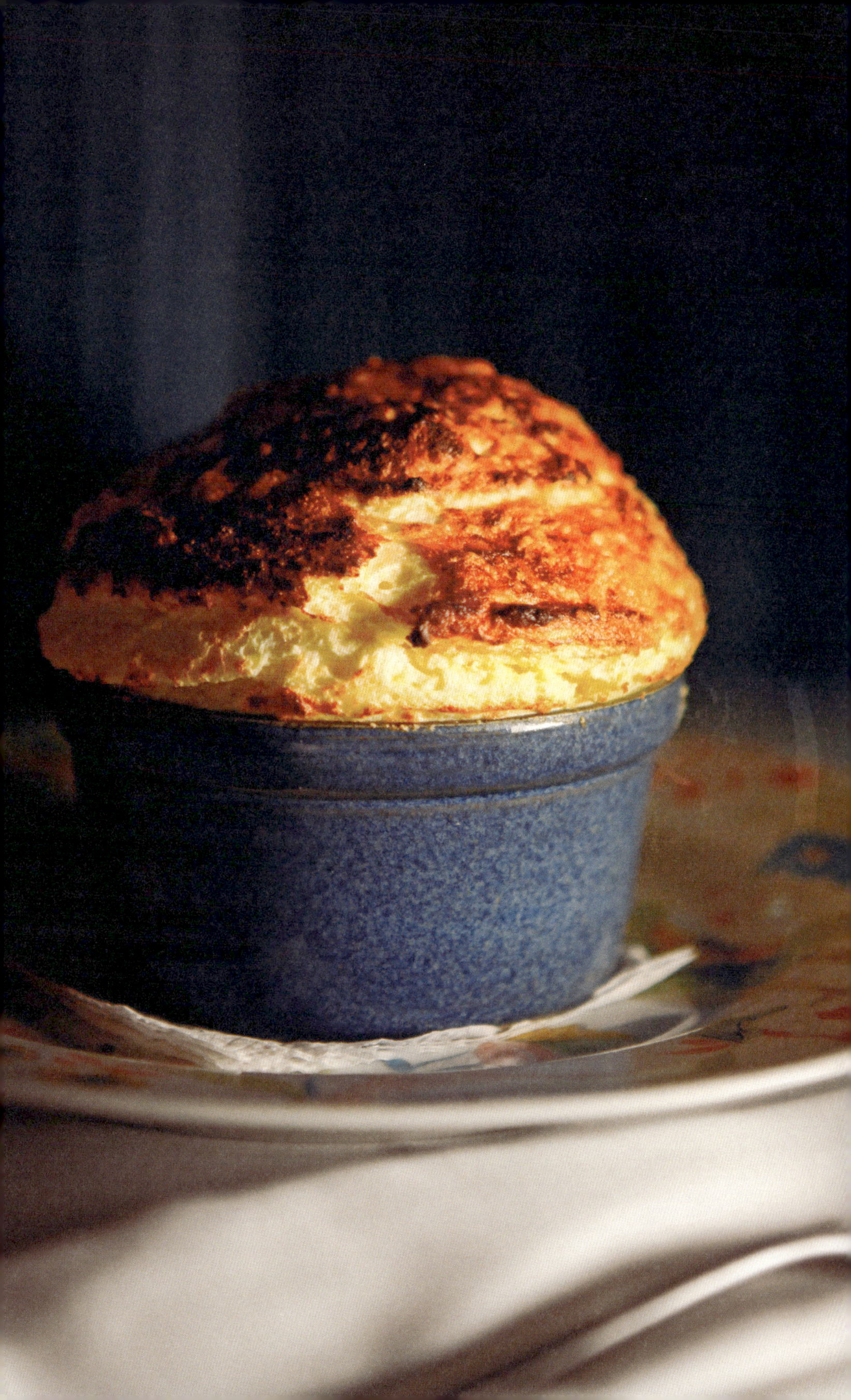

aberto em
1956

Frevo

Quando um popular ritmo musical nordestino encontra uma receita icônica da culinária árabe desenvolvida no Brasil nasce um clássico da gastronomia paulistana. Cidade dos sincretismos culturais, o Frevo tem a cara de São Paulo, onde toda mistura é copiosa. O misto de restaurante e lanchonete que funciona desde 1956 na Rua Oscar Freire, uma das mais emblemáticas vias da capital paulista, com suas lojas de grifes e concept stores, é uma peça de resistência num quebra-cabeças que mudou muito em mais de 6 décadas, especialmente em relação às transformações pelas quais passaram a cena de restauração na cidade e os avanços do seu urbanismo desenfreado.

O próprio Frevo foi uma das vítimas dessa gentrificação: em 2015, o restaurante teve que sair do prédio que sempre ocupou desde sua fundação por conta da venda do terreno. Os frequentadores mais assíduos e os fãs (em 60 anos, foi possível conquistar uma horda deles) ficaram em polvorosa, até que o proprietário, Roberto Frizzo, acostumado a ter que conter os ânimos de torcidas (ele foi dirigente do Palmeiras), veio com a notícia: a mudança seria apenas de número, do 603 para o 588 – literalmente do outro lado da rua. Durante as reformas do novo imóvel, não era difícil ver frevomaníacos supervisionando as obras, para saber se a caracterização seria seguida.

Foi. Está tudo ali: as banquetas em couro vermelho, os ladrilhos amarelos (encontrados em um cemitério de azulejos), o balcão em fórmica, os garçons. Ah, e claro, os beiruths, como são grafados no cardápio os beirutes, os sanduíches feitos com pão sírio tostado e com recheios variados que fizeram a fama do Frevo, ou Frevinho, como foi carinhosamente apelidado. Ainda que sejam servidos outros pratos ali – como omeletes, massas, o clássico Filet Montblanc ou o bom espetinho de carne intercalado com bacon, tomate e cebola

⋆ TIPO DE COZINHA ⋆
LANCHONETE

⋆ PRATOS ICÔNICOS ⋆
BEIRUTE, OMELETE, FILÉ FREVO

WWW.FREVINHO.COM.BR

acompanhado de farofa, fritas, banana à milanesa e legumes na manteiga –, o sanduíche de origem sírio-libanesa que, segundo os relatos, foi criado em São Paulo pelos imigrantes é quem domina os pedidos dos clientes. A versão mais clássica é servida com fatias de rosbife da casa, queijo derretido, rodelas de tomate e orégano. Um patrimônio culinário da cidade, servido também em dois outros endereços na capital, nas filiais da Rua Augusta e do Shopping Iguatemi.

Acompanhado de um rabo de peixe, como é chamado o chope ali, em referência ao copo em que a bebida sempre gelada é servida, tem-se uma refeição completa para qualquer hora do dia – já que o restaurante abre de manhã e vai até a madrugada (aos sábados, até as 3 da manhã), aplacando a fome de trabalhadores e baladeiros, de patricinhas e boêmios. Na hora da conta, até mesmo o hábito do papel com os itens e os preços escritos a lápis foi mantido. Mas pode-se pagar com cartão, sim. Para algumas coisas, a tradição precisa fazer concessões.

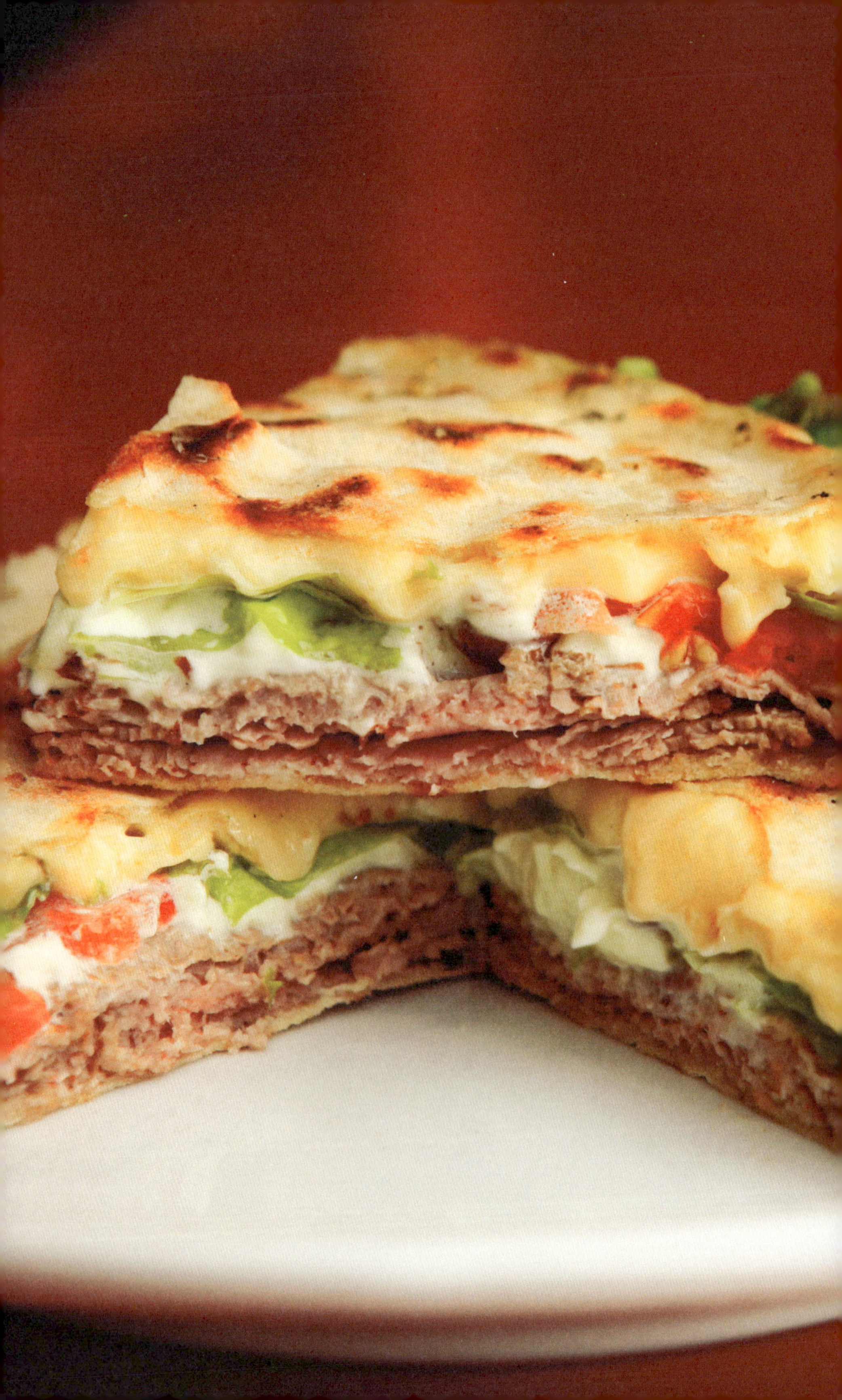

★ Beirute ★

1 porção

- 1 pão sírio
- 8 fatias de rosbife
- 8 fatias de queijo prato
- Alface
- Rodelas de tomate
- Maionese
- Bacon

Corte o pão sírio ao meio. Em uma das partes, coloque rosbife, e na outra, queijo prato. Leve as duas partes, viradas para cima, ao forno alto a 200 °C, até derreter o queijo e tostar o rosbife.

Retire do forno, acrescente alface, rodelas de tomate, maionese e fatias finas de bacon frito na metade do pão sírio com rosbife. Feche com a outra metade.

Sirva com salada de alface e tomate.

aberto em
1956

Monte Verde Pizzaria

O Bom Retiro nunca enjeitou seu papel como bairro de proletários e imigrantes. Se hoje abriga um grande número de asiáticos (principalmente coreanos), no seu passado se tornou abrigo de quem chegasse à cidade. As ocupações começaram no início do século XIX, quando os terrenos que hoje o delimitam abrigavam sítios de recreio e chácaras banhadas pelo Rio Tietê. Entre elas, a Chácara do Bom Retiro, que deu origem ao nome do bairro. Com o desenvolvimento da cidade, a possibilidade de trabalho oferecida pelas indústrias – atraídas para perto da ferrovia –, somada à proximidade com o centro, logo fizeram do Bom Retiro um bairro de imigrantes. Ele chegou a abrigar, por cerca de 5 anos, a primeira hospedaria de imigrantes de São Paulo, vindos principalmente da Itália. Esse contingente fez despontar por ali restaurantes e casas de almoço com tempero do país europeu para matar a saudade dos que aqui chegaram.

Foi nesse cenário que os amigos Aparecido Godoy, Gino Rossi e Antonio Hornick resolveram abrir sua pizzaria, a Monte Verde, aproveitando o potencial italiano nas cercanias. Eles se conheceram durante os anos de serviço na extinta Cantina Montenero, uma das mais conhecidas da região e frequentadas pela comunidade italiana. Desde o começo, em 1956, apostaram nas pizzas mais finas, até então pouco conhecidas na cidade. Alguns dos primeiros clientes estranharam, outros torceram o nariz, mas aos poucos a massa pouco espessa e crocante foi ganhando seu espaço no Bom Retiro.

Até hoje a Monte Verde atrai clientes do bairro e de outras vizinhanças por ter seguido sempre com a receita original dos seus mais de 60 anos. A unidade do Bom Retiro, que deu início à história, ainda é tocada pelos filhos de Seu Aparecido, um dos fundadores, falecido em 1992. Foi nessa época que a marca Monte Verde foi vendida e

* TIPO DE COZINHA *

PIZZARIA E CANTINA ITALIANA

* PRATOS ICÔNICOS *

**PIZZA À LA JUSCELINO,
PIZZA DE LOMBO COM CATUPIRY®,
PIZZA DE ABOBRINHA**

WWW.MONTEVERDEPIZZARIA.COM.BR

passou a ser comandada pela família Milan, e hoje está nas mãos de Ângelo Pires de Lima, que cuida das novas lojas – uma no Brooklin, uma no Itaim e outra em Pinheiros. A unidade original ficou fora das negociações. Muitas das receitas seguem por décadas no cardápio, tanto as tradicionais (como as de atum e portuguesa) como as receitas criadas ali (como a pizza à la Dinelli – mozarela, manjericão, champignon e parmesão), além da pizza de catupiry®. Pode-se dizer, aliás, que a Monte Verde foi a primeira pizzaria a usar o queijo cremoso como ingrediente de suas pizzas – muito antes da sua banalização, por assim dizer, tomar conta das redondas por aí.

Fundada há mais de um século pelos imigrantes italianos Mario e Isaíra Silvestrini, em Lambari, Minas Gerais, a empresa de laticínios Catupiry que criou o queijo cremoso se instalou no Bom Retiro em 1949, na Avenida Rudge. Os sócios da Monte Verde resolveram testar o ingrediente nas suas pizzas, uma vez que já compravam da fábrica, a menos de 1 km de distância, outros queijos. E ele combinou muito bem com a mozarela e o molho de tomate, criando, assim, o bom casamento (na maioria dos casos) do queijo brasileiro com a clássica receita italiana – na sua versão mais finamente saborosa. Ou saborosamente fina, como se preferir.

★ Camarão à grega ★

2 porções

para o camarão
- 500 g de camarões-rosa (cerca de 12 a 14 camarões)
- 300 g de mozarela cortada em cubos grandes (2 x 2 cm)
- Pimenta-branca moída na hora
- Sal
- 400 g de farinha de trigo
- 2 ovos
- 400 g de farinha de rosca
- Óleo

para o arroz à grega
- 2 xícaras de arroz branco pronto
- 1 colher de sopa de manteiga
- 1 colher de sopa de pimentão vermelho cru cortado em cubos pequenos
- 1 colher de sopa de cenoura cozida cortada em cubos pequenos
- 1 colher de sopa de uvas-passas
- 1 colher de sopa de vagem cozida cortada em cubos pequenos
- 1 colher de sopa de ervilhas em conserva
- Salsinha picada

para as batatas portuguesas
- 3 batatas grandes e descascadas
- Óleo

camarão
Tempere os camarões com pimenta e sal. Deixe descansar por alguns minutos. Monte os espetos com 4 camarões e 3 cubos de mozarela, de forma intercalada. Passe os espetos pela farinha de trigo e os ovos batidos e, por último, pela farinha de rosca. Frite em óleo bem quente e retire-os quando estiverem dourados.

arroz à grega
Em uma frigideira com a manteiga, coloque todos os outros ingredientes e refogue-os levemente para que não fiquem moles. Depois, misture os ingredientes ao arroz.

batatas portuguesas
Corte as batatas em fatias redondas e finas, frite em óleo bem quente e guarde na geladeira até o momento de usá-las. Frite novamente em óleo bem quente pouco antes de servir. Deixe secar em papel absorvente e adicione sal a gosto.

montagem
Sirva os espetinhos de camarão e queijo com o arroz à grega e as batatas portuguesas.

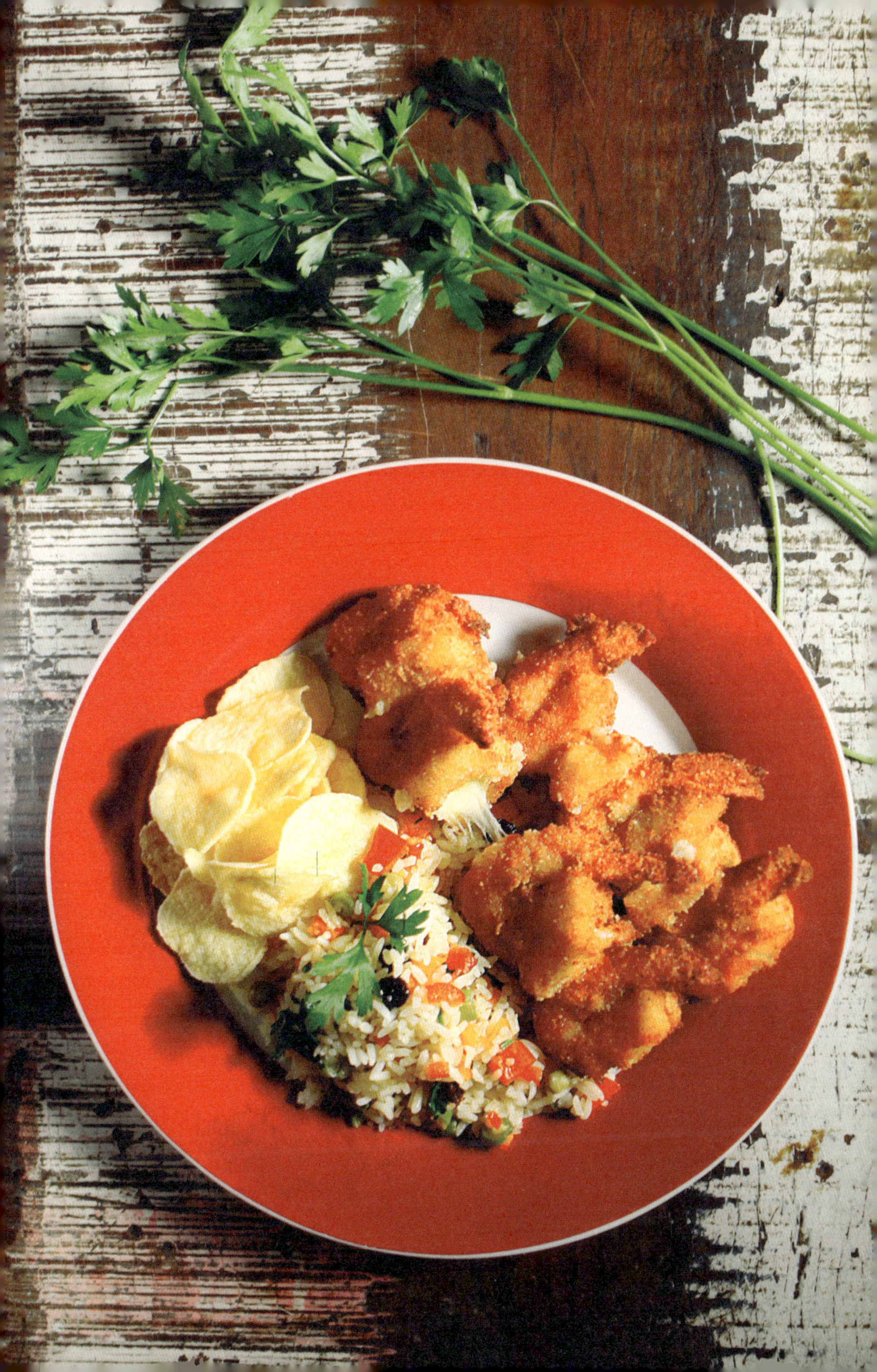

aberto em
1957

Camelo Pizzaria

Camelo e pizza não têm lá muito a ver, né?! Mas é preciso resgatar a história dessa pizzaria para entender por que o nome e a imagem de um camelo estão no letreiro e em todos os detalhes de um estabelecimento que se especializou em servir quase 50 variedades da receita essencialmente italiana. A casa no número 1873 da Rua Pamplona abrigava originariamente um restaurante de comida árabe – como o animal de duas corcovas –, aberto em 1957. Só seis anos depois é que a família Nóbrega, até hoje à frente do negócio, adquiriu o estabelecimento e resolveu fazer muitas alterações no cardápio, introduzindo pizzas feitas no forno a lenha, mas mantendo o nome.

A Camelo se tornou uma das pizzarias mais tradicionais de São Paulo desde que apostou numa massa mais fina e leve, recheio na medida, sem o exagero que os disque-pizza espalham por aí. O forno a lenha ajuda a deixar a massa crocante, e a combinação de ingredientes, como a alcachofra com azeitonas verdes, um clássico da casa, fez com que as receitas criadas ali se tornassem das mais queridas entre os paulistanos que, pelo hábito de devorar muitas e muitas fatias, se tornaram exímios no assunto.

* TIPO DE COZINHA *
PIZZARIA E PRATOS DE JANTAR

* PRATOS ICÔNICOS *
PIZZAS DE ALCACHOFRA, ALICHE DO CHEF, CAMELO, DA CASA

WWW.PIZZARIACAMELO.COM.BR

A cidade produz cerca de um milhão de pizzas por dia em mais de 6 mil pizzarias espalhadas pela cidade. Haja molho de tomate!
As receitas da Camelo passam, desde 1963, pelas mãos do mestre pizzaiolo Antônio Macedo, que hoje supervisiona o trabalho das massas e coberturas não apenas na unidade da Pamplona, onde começou, mas também se reveza para dar expediente nas outras quatro localidades que a Camelo abriu no decorrer dessas décadas nos bairros de Higienópolis, Itaim, Morumbi e Moema – além de uma filial carioca, inaugurada em 2016. Hoje quem toca os negócios são quatro netos do patriarca, mantendo a pizzaria na terceira geração.
Entre as criações de Macedo estão a due funghi, feita com shimeji e

shitake no shoyu e coberta com mozarela de búfala, e a Camelo, com escarola, aliche, ovos, palmito e azeitonas pretas, salpicada com mozarela, além de outras criações em homenagem aos bairros da capital, como Moema (peito de peru, erva-doce refogada, mozarela e tomate cereja) e Pacaembu (com peito de peru, alho-poró, mozarela de búfala e azeitonas pretas). Quando a família Nóbrega comprou a Camelo, Macedo já trabalhava lá. Mudaram os donos, ele permaneceu, contratado pela nova empresa.

O forno das esfihas, investimento do proprietário anterior, passou a ser usado para assar as pizzas que ele aprendera a fazer em uma cantina vizinha, a pedido dos novos proprietários. Para deixar os discos maiores, era preciso esticar mais a massa: foi durante os testes que ele percebeu que a pizza ficava ótima com a massa mais fininha. Pronto, a aposta garantiu o sucesso, por mais de 50 anos, da pizzaria – hoje rede – do camelo, comprovando que esfiha e pizza têm muito mais em comum do que apenas a forma.

★ Pizza vegetariana ★

massa para 10 discos de pizza
cobertura para 1 disco de pizza

para a massa
- 5 kg de farinha de trigo
- 150 g de fermento biológico fresco
- 80 g de sal
- 100 ml de azeite de oliva extravirgem
- 2,750 l de água

para o molho
- 1 kg de tomate sem sementes
- 100 ml de azeite de oliva extravirgem
- 20 g de sal
- 20 g de orégano

para a cobertura
- 100 g de molho de tomate
- 150 g de palmito
- 150 g de brócolis
- 130 g de abobrinha
- 50 g de tomate em cubinhos
- 50 g de champignon
- Orégano

massa
Misture todos os ingredientes com as mãos. Deixe a massa descansar por pelo menos 1 hora em temperatura ambiente.
Separe bolas de massa de aproximadamente 300 g. Abra a massa, de preferência numa mesa de mármore, com o rolo de macarrão, jogando farinha sempre que necessário para não grudar. Faça discos de pizza de 36 cm de diâmetro, deixando a massa o mais fina possível.

molho
Bata todos os ingredientes no liquidificador e reserve.

montagem
Espalhe o molho sobre o disco de pizza e adicione os ingredientes da cobertura, exceto o orégano. Leve ao forno alto até a massa dourar. Retire, salpique de orégano e sirva.

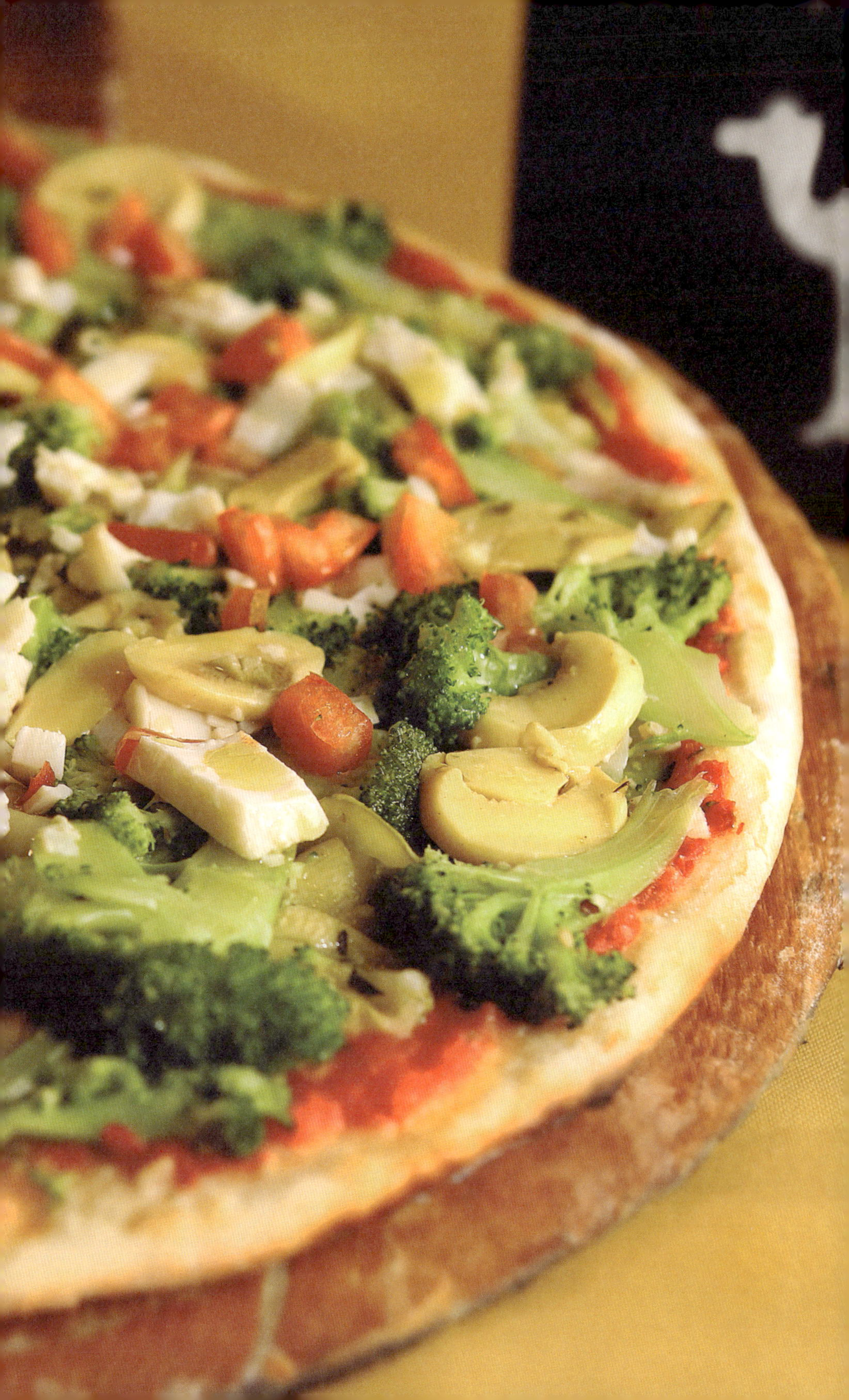

aberto em
1957

Rubaiyat

Quando abriu as portas, no fim da década de 1950, na Avenida Vieira de Carvalho, região central de São Paulo, a churrascaria Rubaiyat inaugurava uma nova forma de comer churrasco na cidade. Àquela época, começava a se tornar famoso pelo Brasil, vindo da região Sul, o serviço de carnes em rodízio, ou espeto corrido, em que os garçons passavam pelas mesas dos clientes cortando suculentos nacos de carne. Não demorou para a prática chegar também a São Paulo. Mas o Rubaiyat permaneceu apostando no serviço à la carte, priorizando os cortes feitos na brasa das grelhas, que se mantém até hoje nas unidades em que a rede possui no Brasil e em países como Argentina, México, Chile e Espanha – a terra natal de Belarmino Iglesias, o imigrante que ajudou a fundar a primeira unidade há 60 anos e que se tornou o comandante de seu sucesso.

Nascido na região da Galícia, aos 19 anos Iglesias veio ao Brasil no porão de um navio com o mesmo intuito de outros milhares de imigrantes que aqui chegaram: encontrar trabalho e constituir uma nova vida – a clássica fábula do Novo Mundo. Sua primeira ocupação foi como ajudante na construção civil da cidade que começava a crescer. Mas logo conseguiu emprego na melhor churrascaria da cidade, A Cabana, que pertencia a uma famosa família de imigrantes que fez fama e história na cena da restauração paulistana – os Ferrari. Entrou como cumim (como são chamados os auxiliares dos garçons), mas em pouco tempo subiu de cargo e se destacou no serviço a ponto, inclusive, de ser convidado por dois dos sócios da casa para gerenciar o atendimento de uma nova churrascaria que iriam abrir, cujo nome era uma homenagem a uma compilação de poemas de um autor persa do século V. Belarmino aceitou o desafio desde que começasse na casa com uma pequena porcentagem da sociedade. Em 1962, 5 anos após a abertura, ele arrematou o negócio e

★ TIPO DE COZINHA ★
CHURRASCARIA PREMIUM

★ PRATOS ICÔNICOS ★
PÃO DE QUEIJO DO COUVERT, FRALDINHA, CAIXOTE MARINHO

WWW.RUBAIYAT.COM.BR

se tornou o único dono da Rubaiyat, iniciando a construção de um império no ramo de churrascarias.

Anos depois, o endereço da Vieira de Carvalho foi fechado. Na década de 1970, novas casas sob a marca Rubaiyat foram inauguradas na cidade: na Faria Lima, na Alameda Santos e na Haddock Lobo – onde está a Figueira Rubaiyat, o símbolo-maior da grife criada por Seu Belarmino, que reúne sob a frondosa árvore que lhe dá nome de políticos a estrangeiros, paulistanos e turistas, sempre com fila na porta.

As casas do grupo se tornaram referência em serviço primoroso e carnes de qualidade – hoje, grande parte dos cortes servidos vem de animais criados em fazenda própria, localizada no estado do Mato Grosso do Sul. É válida a experiência toda, do couvert (com um dos melhores pães de queijo da cidade) até os cortes bem cuidados, inclusive de raças de outras origens, importadas diretamente pelo restaurante.

O cuidado no ponto, a carta de vinhos vasta e os acompanhamentos bem-feitos ajudam o conjunto.

O serviço segue como um diferencial, marca do trabalho que Seu Belarmino começou quando chegou por aqui, treinando nas horas vagas em casa o equilíbrio da bandeja antes mesmo de assumir de fato o peso de uma nos tempos de A Cabana.

Sempre foi um homem determinado. Por conta de um problema de saúde, ele saiu da linha de frente, deixando a tarefa com o filho, que carrega não só seu mesmo nome e sobrenome, mas também a significativa tarefa de levar seu legado adiante.

★ Baby gold com sal de Malbec e farofa Luis Tavares ★

1 porção

para a farofa Luis Tavares
- 100 g de farinha de mandioca torrada e seca em flocos
- 10 g de cebola roxa
- 8 g de alho
- 30 g de manteiga de garrafa

para o sal de Malbec
- 750 ml de vinho Malbec
- 300 g de sal grosso

para o baby gold
- 300 g de baby beef
- 5 g de sal de Malbec

farofa Luis Tavares
Refogue o alho e a cebola na manteiga. Assim que dourar, adicione a farinha e salteie, para que aqueça e fique crocante.

sal de Malbec
Leve o vinho ao fogo até reduzi-lo a 100 ml. Deixe amornar em temperatura ambiente. Adicione o sal grosso e deixe secar por 12 horas.

baby gold
Retire a capa externa do baby beef, removendo o excesso de gordura. Asse o filé na grelha (de carvão), até um ponto antes do desejado. No Rubaiyat, a carne é posta para repousar em forno de barro, para que fique mais suculenta. Caso não tenha forno de barro, deixe a carne descansar por 2 minutos fora da grelha.
Corte em pequenas fatias e sirva com sal de Malbec e farofa Luis Tavares.

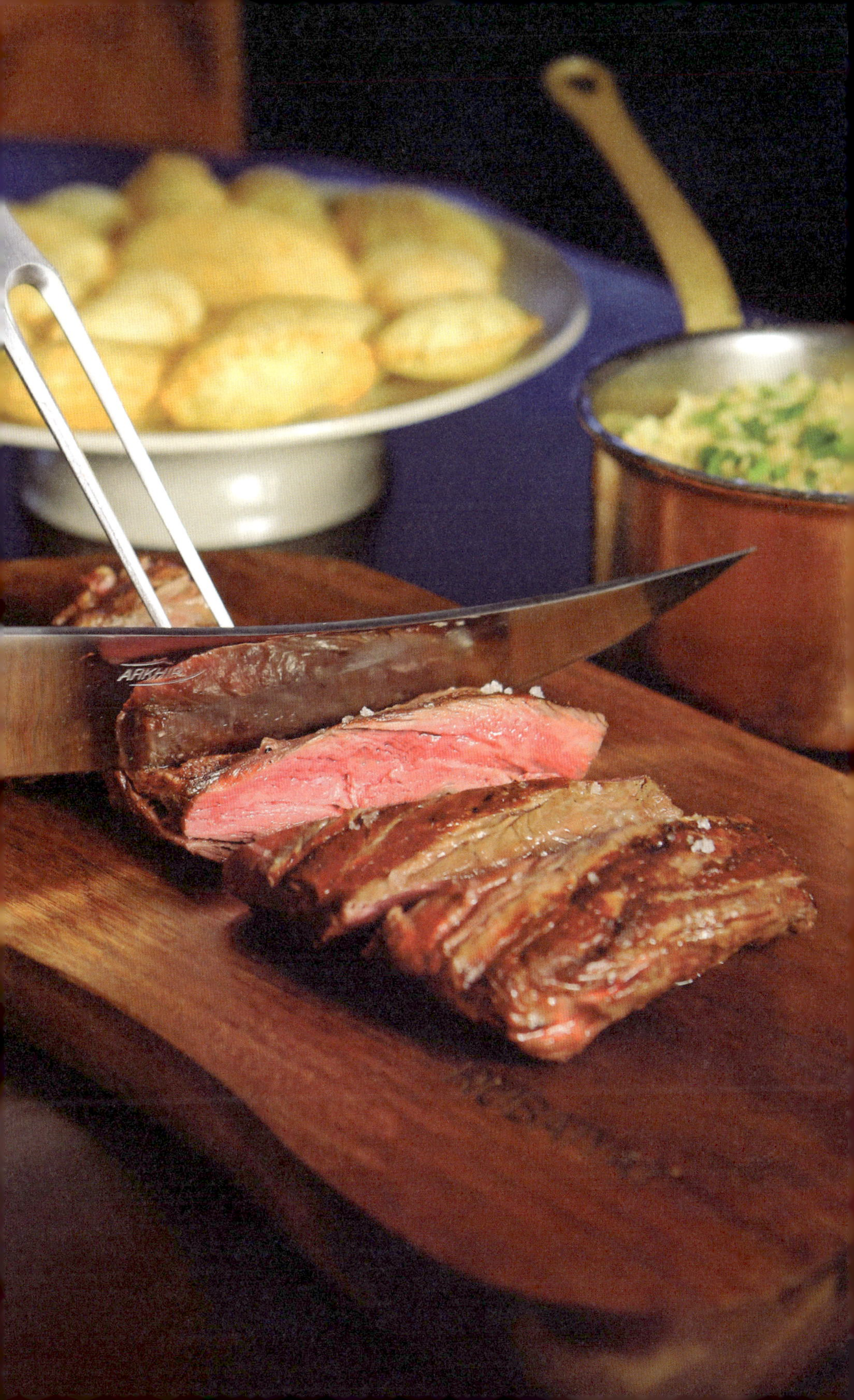

aberto em **1958** | *Rodeio*

No fim da década de 1950, o Centro de São Paulo ainda vivia seus tempos gloriosos – as especulações imobiliárias, a falta de segurança e a degradação ainda eram uma fumaça a se formar na paisagem da região central da cidade. Com toda a vida cultural acontecendo nesse entorno, era no Centro que os mais notáveis restaurantes estavam ou queriam estar. A quilômetros dali, na região dos Jardins, a Rodeio abriu as portas na esquina da Rua Haddock Lobo com a Rua Oscar Freire – muito antes de a Oscar Freire se tornar uma das principais vitrines das mais importantes grifes de luxo na América Latina.

Fundada em 1958, a churrascaria de estilo gaúcho foi oferecida a Roberto Macedo após um almoço ali. Ele, que trabalhava no ramo de publicidade, resolveu aceitar o desafio. Com a ajuda do irmão gêmeo e do pai, em 1959 começou a tocar o negócio que se tornou um dos principais pontos de encontro de todos os tipos de políticos e empresários. Muitas reuniões que definiram alguns passos das principais empresas do país foram feitas naquelas mesas. Diz-se que o Plano Cruzado nasceu em um almoço ali, ainda na década de 1980.

A churrascaria permaneceu sempre no mesmo endereço e foi se sofisticando com o bairro – e com seus frequentadores, é claro. Muito desse trabalho se deveu a Macedo, que aos poucos foi imprimindo seu estilo ao restaurante, assumindo a figura de um exímio restauranteur: os garçons deixaram de usar galochas, as mesas ganharam tecidos mais finos, a adega se encheu de vinhos, os cortes de carne (agora importada) se aperfeiçoaram, e o serviço atingiu excelência. A Rodeio entrou no rol dos clássicos da cidade.

Não só por conta de quem recebia, vale dizer, mas também pelo que sempre prezou em servir. A picanha fatiada se tornou um ícone churrasqueiro paulistano, assim como o arroz biro-biro –

* TIPO DE COZINHA *

CHURRASCARIA

* PRATOS ICÔNICOS *

PICANHA FATIADA, ARROZ RODEIO, FAROFA DE OVOS, PALMITO PUPUNHA, CREME DE PAPAIA

WWW.RODEIOSP.COM.BR

que nasceu ali e depois passou a ser reproduzido em muitos restaurantes Brasil afora, uma homenagem ao meio-campista corintiano e um dos maiores astros do time alvinegro. Vale lembrar que Macedo, falecido em 2012, aos 75 anos, era são-paulino roxo, tendo feito parte da diretoria do clube inúmeras vezes. Mas nem isso impediu que a Rodeio também se tornasse um reduto de comemorações corintianas, onde célebres torcedores, como Washington Olivetto e Sócrates, se reuniam após as vitórias do seu time. O dono do local não ligava, dizia que o restaurante não era dele, mas dos clientes.

Em 2011, a Rodeio ganhou uma filial no Shopping Iguatemi, nos mesmos padrões de sua matriz, embora a decoração se distancie do clima tradicional da sede. E, importante, com o mesmo cardápio. Em qualquer das unidades, a picanha fatiada fininha é carro-chefe, o pão de queijo do couvert é consumido à exaustão, e o arroz já citado (rebatizado de arroz Rodeio) e a farofa de ovos completam o time clássico para jogar a favor de quem se desloca para comer ali. Claro, com creme de papaia ao final para a sensação de placar alcançado. A Rodeio se edificou em uma das máximas de Macedo que continua sendo seguida até hoje por suas filhas, que herdaram a churrascaria e seu bastão: "Não sou eu o dono, o dono é você", dizia sempre aos clientes, com o sincero intuito de agradá-los a qualquer custo (algo que se tornou ultrapassado em restaurantes ditos modernos). Ao que essas mais de 5 décadas indicam, parece que ele conseguiu...

★ Picadinho ★

1 porção

para a carne
- 200 g de filé-mignon cortado em cubos pequenos
- 1 colher de sopa de cebola picada
- 1 dente de alho picado
- ½ xícara de chá de caldo de carne
- Sal
- Pimenta
- 1 colher de sopa de manteiga
- Um pouco de molho ao sugo

para a farofa
- 1 colher de sopa de manteiga
- 1 ovo
- 1 colher de chá de cebola picada
- 1 colher de chá de cebolinha picada
- Sal a gosto
- 2 colheres de sopa de farinha de mandioca

para a banana à milanesa
- 1 banana nanica
- 1 ovo
- Farinha de rosca e farinha de trigo para empanar
- ½ litro de óleo

para o ovo poché
- 1 ovo
- ½ litro de água
- 1 colher de sobremesa de vinagre
- 1 colher de chá de sal

para a montagem
- 100 gramas de milho em conserva

carne
Tempere o filé-mignon com o sal e a pimenta. Leve ao fogo uma frigideira com a manteiga e o alho. Junte a cebola e refogue. Acrescente os cubos de filé-mignon e doure. Em seguida, junte o molho ao sugo e o caldo de carne.

farofa
Aqueça a manteiga e acrescente o ovo batido, a cebola, a cebolinha, o sal e a farinha e mexa. Reserve.

banana à milanesa
Bata o ovo e reserve. Corte a banana em rodelas e em seguida passe-a na farinha de trigo, no ovo e, por último, na farinha de rosca. Frite a banana em meio litro de óleo quente.

ovo poché
Coloque a água na panela junto com o vinagre e o sal. Após levantar fervura, quebre o ovo na água e deixe cozinhar por 1 minuto e meio. Reserve.

montagem
Sirva o picadinho com a farofa, a banana à milanesa, o ovo poché e o milho em conserva.

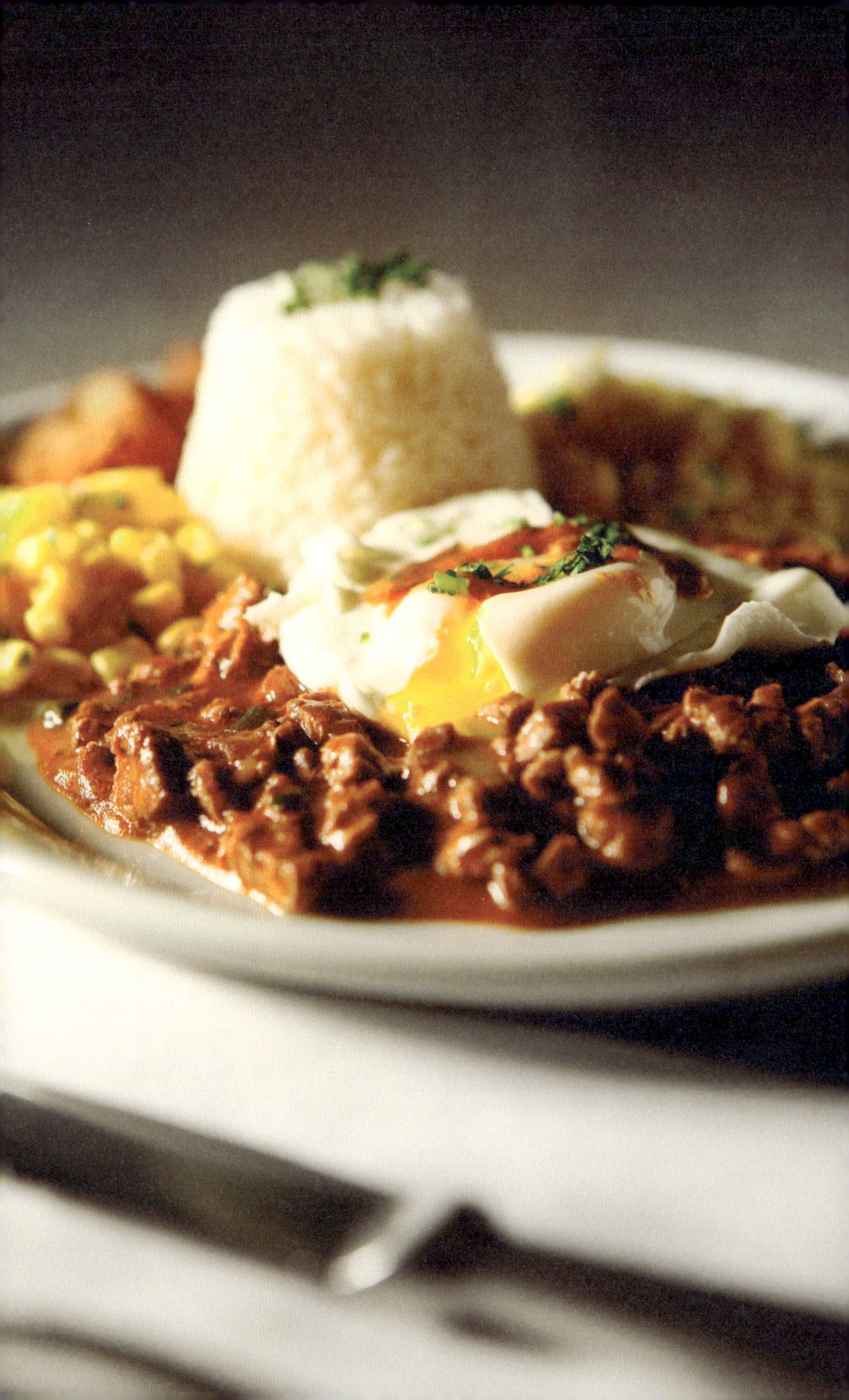

aberto em
1958 | # *Speranza*

Do forno a lenha construído em 1958 ainda sai a mais tradicional pizza marguerita da cidade. Tradicional não só pela notoriedade que o disco de massa produzido ali ganhou, mas também por seguir à risca os passos que a Associazione Verace Pizza Napoletana reconhece para uma pizza marguerita vera: a farinha importada da Itália, tomates de variedades comuns somente no país (entre eles o *san marzano* e o *pomodorino del piennolo del Vesuvio*), a mozarela sempre fresca, assim como o manjericão. A Speranza, aberta há quase 60 anos na região da Bela Vista, ostenta com orgulho a sua denominação Specialità Territoriale Garantita, que prova que segue os preceitos da pizza exatamente como a feita em Nápoles, capital da pizza, que fica a 9,5 mil quilômetros daqui. Foi a primeira pizzaria certificada no Brasil.

O selo é só a consagração do orgulho que o casal Speranza e Francesco Tarallo sempre expôs, desde que chegou à cidade de São Paulo na década de 1950, trazendo os segredos da pizza napolitana debaixo do braço (primeiro Seu Francesco com o filho Giovanni e, meses depois, Dona Speranza com o filho Antônio) para começar a produzir em solo paulistano a receita mais famosa de sua cidade natal. Começaram em pequenas instalações atendendo poucas pessoas, mas logo encontraram um imóvel na Avenida Morumbi para abrir a Pizzaria Esperança. Mas, com o sucesso das pizzas, o casal procurou um estabelecimento maior e, um ano depois, inaugurou um casarão à Rua Treze de Maio: a Cantina e Pizzaria Speranza (em italiano mesmo, como o nome de sua fundadora – onde está até hoje). Na artéria da comunidade italiana na cidade, os Tarallo fizeram fama – e depois história. Isso porque estabeleceram aqui também outros costumes napolitanos à mesa, como o calzone (pizza fechada e recheada), o tortano (tradicional

★ TIPO DE COZINHA ★

PIZZARIA E CANTINA ITALIANA

★ PRATOS ICÔNICOS ★

PIZZA MARGUERITA, PIZZA NAPOLITANA, TORTANO, PASTIERA DI GRANO

WWW.PIZZARIA.COM.BR

pão de linguiça) e a pastiera di grano (torta festiva à base de ricota e trigo em grão), que até hoje é receita secreta da família.
Em 1979, abriram uma unidade em Moema e, mais recentemente, um espaço só para delivery em Santana. A família seguiu o caminho de Dona Speranza e Seu Francesco, já falecidos, e hoje quem cuida da casa são os netos do casal, terceira geração no comando. Outro neto, também batizado de Francesco, seguiu a tradição italiana, mas para abrir outro restaurante na cidade, o Benedetta. Mas, voltando à Speranza, a original da Rua Treze de Maio, o restaurante passou por reformas há cerca de 5 anos, na qual o piso superior ganhou novos salões e uma varanda – que antes servia de moradia aos proprietários, numa época em que era comum donos de restaurantes conjugarem na mesma frase os verbos morar e trabalhar.
No salão de tijolos aparentes e decoração rústica, ganhou espaço uma tela com inspiração em *Os Emigrantes*, quadro de 1910 do italiano Antonio Rocco que faz parte do acervo da Pinacoteca do Estado e presta homenagem às correntes de imigrantes que chegaram à cidade. A imagem, a preferida de Antônio, filho dos Tarallo que tocou a pizzaria até 2003, quando faleceu, retrata o êxodo dos trabalhadores rurais italianos no cais de Imma Colatella, em Nápoles, Itália. Uma prova de que a memória é mais que um quadro na parede.

★ Pizza Napolitana ★

massa para 6 discos de pizza
cobertura para 1 disco de pizza

para a massa
- 1,8 kg de farinha de trigo
- 55 g de sal
- 1 litro de água
- 1 g de fermento biológico fresco

para a cobertura
- 150 g de molho feito com tomates de boa qualidade, frescos e maduros, sem temperos
- 3 dentes de alho pequenos, fatiados em lâminas bem finas
- Manjericão fresco
- Orégano fresco
- 70 g de queijo parmesão ralado em ralo bem fino

massa

Coloque a farinha já misturada com o sal em uma superfície lisa e abra um buraco no meio. Adicione ali o fermento dissolvido na água. Comece a misturar o líquido com a farinha até que ela seja totalmente absorvida, amassando sempre com as mãos, lentamente, até que a massa se desprenda dos dedos. Transfira a massa para um recipiente grande com tampa (para não entrar ar) e deixe descansando por cerca de 30 a 40 minutos. Em seguida, volte a massa para a bancada. Faça bolas de cerca de 300 g cada uma e arrume-as em uma travessa enfarinhada, deixando um bom espaço entre elas para que possam dobrar de tamanho. Tampe a travessa para vedar a entrada de ar. Deixe a massa repousar por pelo menos 8 horas para uma perfeita fermentação. Após esse processo, abra cada bola de massa com as mãos, em movimentos de dentro para fora, até formar um disco, mantendo a massa mais fina no meio (máximo 5 mm de espessura) e mais alta nas bordas (o corniccione). Se o forno que receberá a pizza for a lenha, ele deverá ser aceso pelo menos 3 horas antes de receber a massa (forno com aproximadamente 1,40 m de diâmetro). Nesse caso, leve a massa ao forno já com o molho e a cobertura. A pizza deverá ser assada por cerca de 90 segundos (o ideal), mas verifique a superfície antes de retirá-la do forno. Caso o forno utilizado seja o convencional, a gás ou elétrico, coloque na potência máxima cerca de 20 minutos antes de colocar a pizza para assar. Ponha o disco de massa com um pouco do molho (isso evita que ela estufe ou forme bolhas) para assar previamente. Retire do forno (mantendo-o ligado), adicione a cobertura e volte ao forno para finalizar.

cobertura
Espalhe o molho generosamente sobre toda a superfície, até começar as bordas. Distribua as fatias de alho e as folhas de manjericão bem espaçadas sobre toda a superfície da massa. Salpique com bastante orégano e, por último, acrescente o queijo parmesão. Leve ao forno (conforme instruções) e retire assim que a superfície formar uma fina crosta gratinada.

aberto em 1959

Restaurante Acrópoles

Não foram só os italianos, os árabes, os japoneses, os espanhóis... São Paulo também atraiu imigrantes de todas as regiões do Hemisfério Norte com a promessa de ser uma cidade em franco desenvolvimento – principalmente após o fim da Primeira Guerra, com os edifícios, os bondes, a iluminação, as lojas, os restaurantes. O grego Thrassyvoulos Georgios Petrakis chegou aqui em 1961 com a esposa e a primeira filha no colo. Logo passou a trabalhar no Cantinho Grego, restaurante de um conterrâneo na região do Bom Retiro, inaugurado dois anos antes. Começou como garçom, anos depois se tornou gerente e braço direito do fundador. No começo da década de 1970, viu uma possibilidade de comprar o restaurante e não perdeu a chance. Rebatizou-o de Acrópoles, fez algumas melhorias no espaço, alterou o cardápio e, assim, colocou seu nome na história da restauração paulistana.

O endereço seguiu o mesmo, na Rua da Graça, atendendo funcionários e donos das inúmeras lojas têxteis da região, executivos e todo o tipo de clientes que se deslocavam até a Zona Central da cidade, se preciso fosse, só para comer as receitas preparadas na cozinha aberta ao fundo do salão – muito antes de isso ser uma tendência na gastronomia, claro. O cliente não escolhe o que quer pelo cardápio (embora haja, na parede, um quadro com as receitas servidas na casa), mas indo até a cozinha e olhando, pelo janelão envidraçado, os pratos feitos no dia, sem conseguir muito chegar a uma conclusão que lhe pareça devidamente convincente sobre o que optar. Sai-se bem em quase tudo, mas ainda melhor se apostar na mussaká (espécie de torta grega feita com carne moída, batata e berinjela), nas lulas recheadas, no arroz de camarão. É uma comida mediterrânea na sua concepção mais tradicional, rústica, mas com um jeito todo de *comfort food*.

Seu Trasso, como ficou conhecido, sempre se ocupou em passar nas mesas para averiguar a qualidade da comida e a satisfação dos clientes.

★ TIPO DE COZINHA ★

GREGA

★ PRATOS ICÔNICOS ★

MUSSAKÁ, LULA RECHEADA, CABRITO ASSADO, RISOTO DE FRUTOS DO MAR

WWW.RESTAURANTEACROPOLES.COM.BR

Entre os passos, ajeitava uma cadeira ou recolhia uma tigela, mas sem nunca abaixar o olhar, sempre atento ao que acontecia no apertado salão decorado com motivos gregos – dos quadros de pontos turísticos do país à reprodução das colunas nas prateleiras dos vinhos. Não raro, sugeria outros pratos, ia até a cozinha e trazia um pouco de algo que você precisava, sim, provar, como não? – "não dá pra sair sem comer o polvo ao vinagrete", dizia. Aos 97 anos e mais de 5 décadas de trabalho diário naquele mesmo endereço (o restaurante abre de segunda a domingo, das 7 e meia às 20 horas), recebia os clientes com um discreto mas convincente sorriso. Ele faleceu em 2016, deixando o seu legado com as filhas Aglaia, Nikki e Katherine, que continuam a tocar o negócio.

Na nossa última visita ao restaurante, Seu Trasso estava sentado em uma das mesas próxima à porta, supervisionando tudo, como sempre. Com a ajuda da bengala, levantou-se, passou por nós e perguntou-nos se a comida estava boa, alinhou uma das mesas e sentou perto da filha Nikki para pingar o colírio – "é pra ver melhor o que acontece por aqui", brincou ele, com a visão já prejudicada por uma catarata. Pois é, Seu Trasso, é o olho do dono que mantém o sucesso de um estabelecimento.

★ Mussaká ★

12 porções

para o mussaká
- 6 berinjelas grandes
- 1,5 kg de carne moída
- Temperos de sua preferência (por exemplo, alho, cebola, ervas e sal)
- Cravo-da-índia
- 1,5 kg de batata
- Óleo
- Queijo parmesão ralado

para o molho bechamel
- 2 colheres de manteiga
- 1 colher de sopa de farinha de trigo
- 2 xícaras de chá de leite
- 2 gemas
- Sal
- Pimenta-do-reino branca
- Noz-moscada

mussaká
Refogue em uma panela a carne moída com os temperos, acrescente cravo-da-índia a gosto e reserve. Fatie a berinjela em lâminas e reserve. Descasque as batatas, corte-as em rodelas e frite-as em óleo quente. Escorra e reserve.

molho bechamel
Em uma panela, derreta a manteiga, junte a farinha de trigo e mexa em fogo brando até dourar. Acrescente o leite aos poucos, para não empelotar. Por último, adicione as gemas e os temperos a gosto. Desligue o fogo e reserve.

montagem
Em uma travessa, monte diversas camadas na seguinte ordem: berinjela, carne moída e batata. Acrescente então o molho bechamel e adicione queijo parmesão a gosto. Leve ao forno até dourar e sirva a seguir.

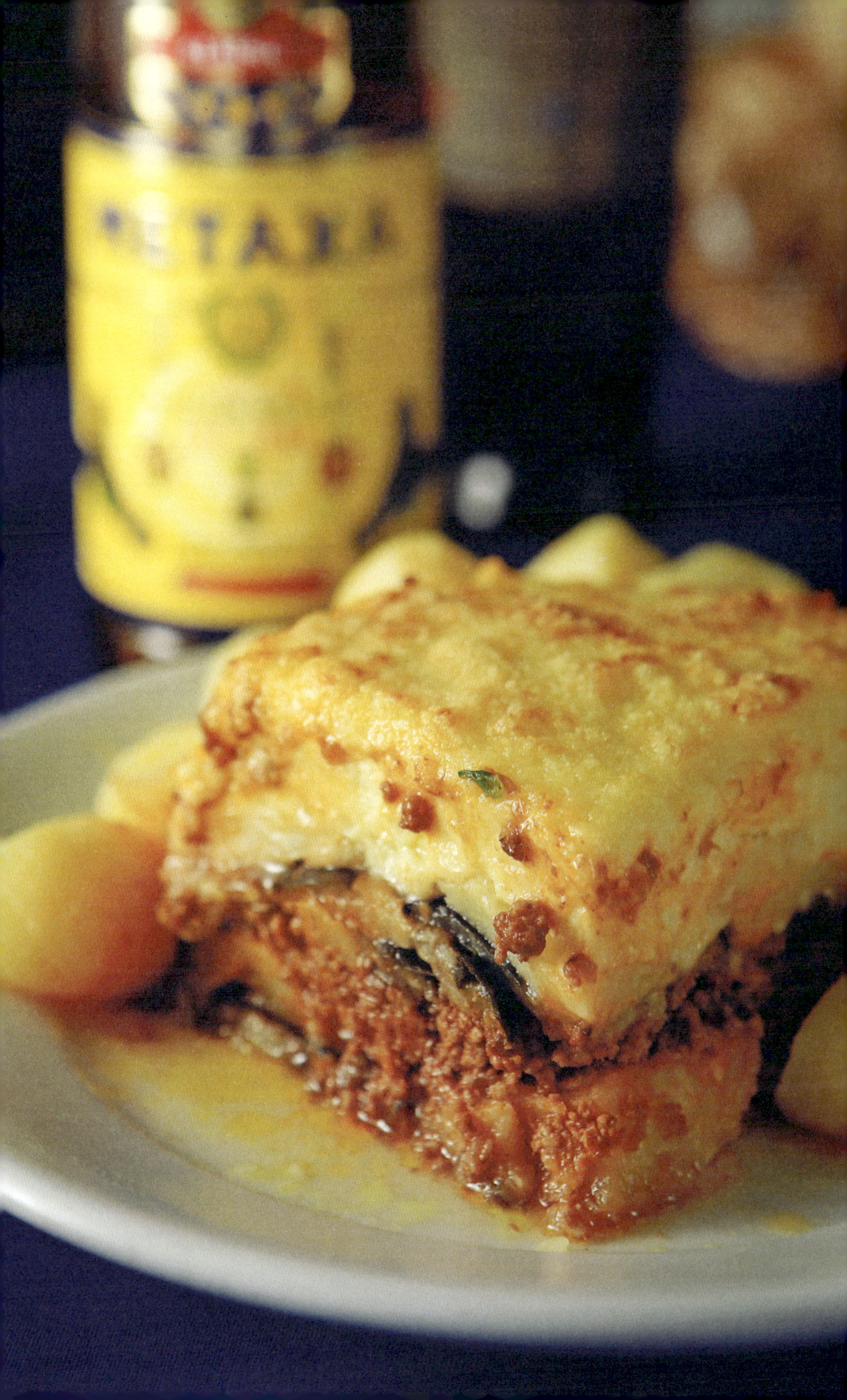

aberto em
1960

Dinho's

Se Fuad Zegaib, filho de imigrantes libaneses, não escolheu necessariamente a culinária tradicional do Líbano dos pais na hora de abrir seu restaurante, pelo menos deixou correr em suas veias o sangue de bom comerciante que herdou deles na hora de abrir o Dinho's Place, na Alameda Santos, no bairro do Paraíso. Inaugurado em 1960, seu estabelecimento começou mais como uma casa de lanches: investiu em sanduíches, serviu pratos e pizzas, flertando com o conceito de cozinha internacional. Mas logo nos primeiros anos de vida deu uma guinada para o churrasco, se especializou em cortes de carnes e decidiu transformar a casa que levava seu apelido em uma churrascaria. Mas, para se diferenciar dos concorrentes, apostou em um conceito ainda novo para a época (quando ainda existiam mais chances de "novos conceitos", aliás): serviço à la carte, toalhas à mesa, garçons fazendo o serviço mais como nos grandes restaurantes e não tão à moda das casas gaúchas, que proliferavam.

Deu certo: o conceito em si levou tempo para ser assimilado, tempo que Dinho investiu em aprimorar as coisas dentro do estabelecimento, como carne de animais com melhor qualidade, cortes diferenciados. O Dinho's Place ajudou a difundir o bife de tira, a costelinha de porco e, principalmente, a picanha, que Zegaib sempre bateu no peito para dizer que foi o primeiro a comercializá-la em restaurante no Brasil nos idos de 1973. Por muito tempo, foi a única casa a servi-la, e o corte era até então difícil de ser encontrado pelos açougues afora, e poucos sabiam como fazê-lo. Com a disseminação da picanha, passou a ficar ainda mais difícil achar a carne, que todo mundo queria ter em seus cardápios. Hoje, quase 45 anos depois, a picanha é patrimônio da cultura churrasqueira brasileira. E um dos clássicos do Dinho's. Para servir melhor a clientela, Zegaib apostou também no serviço de bufê, tanto de saladas e frutos

★ TIPO DE COZINHA ★

CHURRASCARIA

★ PRATOS ICÔNICOS ★

PICANHA SAL GROSSO, KING BEEF COM ARROZ BIRO-BIRO E BATATA SOUFLÉ, T-BONE PETER LUGER

WWW.DINHOS.COM.BR

do mar como de feijoada – nesse caso, a ideia veio quando foi convidado a servir 500 pessoas no Palácio do Governo de São Paulo. Era mais fácil servir as pessoas em cumbucas grandes separadas, prática que adotou no restaurante. Inquieto, também foi assimilando no decorrer das décadas tendências mundiais, como os cortes dry-aged (a maturação a seco, que permite uma textura macia e um sabor mais intenso à carne). Sempre teve esse perfil empreendedor.

O restaurante também enfrentou desafios nestas quase 6 décadas de vida: altíssimas inflações que a economia do país impôs e um menor poder de capital para compras durante o Plano Collor. Mas, com as rédeas bem controladas, como bom comerciante, Zegaib foi mantendo o estabelecimento, que se tornou um ícone da cidade. E que continua mostrando sua importância. Depois de ter criado um caminho independente no ramo da restauração, seu filho Paulo resolveu, depois de ter aberto vários negócios, voltar ao histórico da família e apostar no nome consolidado pelo pai para abrir recentemente uma nova casa, a Dinho's Steak House. O legado falou mais alto. Além do batismo, trouxe também os cortes e a experiência que o descendente de libaneses começou a criar há quase 60 anos. Uma história impossível de ignorar.

★ Bife de tira e baked potato ★

1 porção

para o bife
- 380 g de miolo de picanha
- Sal granulado

para a baked potato
- 1 batata média

para o creme
- 2 colheres de sopa de maionese
- 1 colher de sopa de de creme de leite
- Gotas de limão
- 30 g de bacon picado
- Óleo
- Sal

bife
Tempere a picanha a gosto e asse-a ao ponto desejado.

baked potato
Embrulhe a batata em papel-alumínio e leve ao forno médio para assar por cerca de 40 minutos.

creme
Frite o bacon no óleo até ficar dourado. Escorra o excesso de óleo e reserve. Junte o restante dos ingredientes e, ao final, acrescente o bacon.

montagem
Retire o miolo da batata recheie com o creme e sirva com o bife.

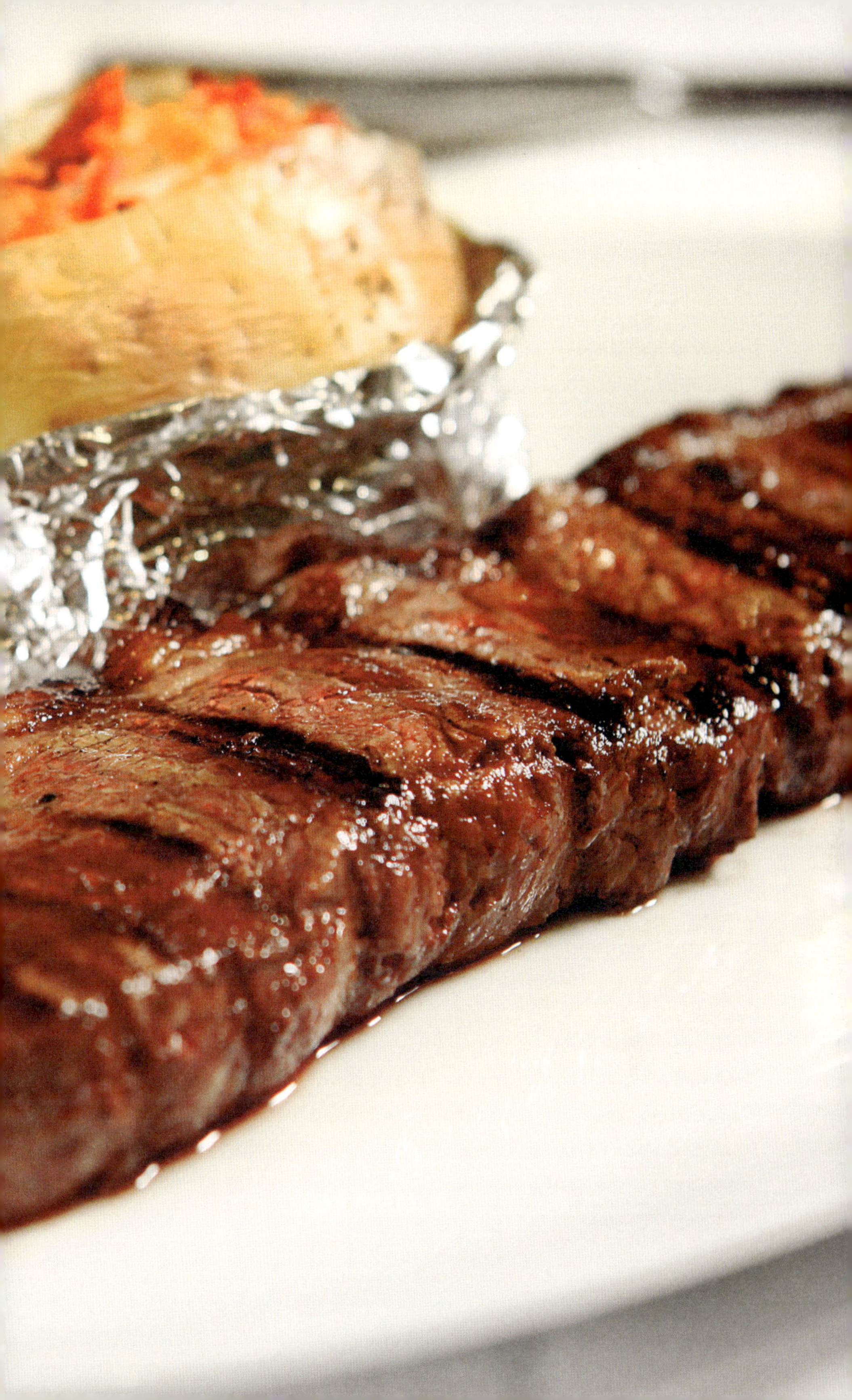

aberto em
1960

Raful

Eis uma máxima que vale para todo tipo de restaurante: melhor o cliente optar sempre pelo que sai mais. Com as chances de aquele prato acabar mais cedo, a reposição precisa ser feita a toda hora, o que garante o frescor da comida servida. No caso do Raful, restaurante libanês inaugurado em 1960 na Rua Comendador Abdo Schahin, a premissa se aplica para muitos dos itens do cardápio, mas serve especialmente para as esfihas feitas na casa, aberta primeiro como Kit Kat, depois adotando o nome pelo qual se tornou conhecida na cidade: a versão aportuguesada do nome de um de seus fundadores.

Os pequenos discos de massa chegaram ao Brasil no século XIX com os imigrantes libaneses, como os irmãos Raffoul e Tannous Doueihi, fundadores do Raful. Tipo de alimento comum de muitos dos povos nômades do Oriente Médio, surgiu primeiro como um pão de trigo (que começou a ser cultivado ali pelo Iraque) e que ia se tornando achatado durante as longas viagens. Nasceu, então, o hábito de se cobrir – e não rechear – o pão com carne e cebola, dando origem às esfihas abertas que conhecemos hoje. E que, não coincidentemente, vendem mais do que pãozinho quente no Raful. Nos horários de pico, os garçons carregam bandejas lotadas de esfihas (e outras iguarias) por entre os clientes, que logo voltam vazias para a cozinha, para serem preenchidas novamente. Nos períodos de menos movimento, as esfihas vão para as estufas do balcão logo na entrada, que conquista os clientes pelo cheiro. A permanência de casas como o Raful até hoje em uma das regiões de maior concentração e tráfego de pessoas na cidade de São Paulo comprova o caráter popular que as esfihas ganharam por aqui – tendo gerado inclusive uma propagação de redes de fast-food focadas nelas.
Em uma cidade em que o número de descendentes de libaneses passa dos 3 milhões (é a maior concentração

* TIPO DE COZINHA *

LIBANESA

* PRATOS ICÔNICOS *

ESFIHA FOLHADA DE CARNE, ESFIHA ABERTA DE ZAATAR, ESFIHA RECHEADA DE COALHADA, MALABIE

WWW.RAFUL.COM.BR

de libaneses fora do Líbano), a esfiha virou um prato-ícone, um hábito alimentar tão amplamente difundido que já ultrapassou, há muito, qualquer tipo de denominação de comida étnica. A esfiha é coisa nossa, meu! (Assim como, vale dizer, é também de sírios, armênios e até de turcos, que as chamam de pides – povos que adotaram e proliferaram a receita.) As mais tradicionais são cobertas de carne bovina, cordeiro, ricota, zaatar ou verduras temperadas. Mas a criatividade do brasileiro criou muitos outros sabores, como a de frango com catupiry®, também servida no Raful. Mas não é só de esfihas que vive a história desse restaurante, que ganhou, em 2010, uma unidade na Avenida Brigadeiro Luís Antônio – nos mesmos moldes de sua filial do Centro: há quibes (do cru ao frito recheado com coalhada) e os espetos de carne de carneiro (um michui com nacos de filé e outro de cafta feita com a carne do animal). Outras especialidades da casa, como o malabie (manjar com calda de damasco) e o ataif de nozes, completam a refeição, que pode ser pedida em esquema de rodízio, com 25 variedades do cardápio, ou 24 outras razões para comprovar os motivos para as receitas sírio-libanesas terem fincado os pés de maneira tão representativa na gastronomia paulistana – porque a primeira continua mesmo sendo a nossa querida esfiha.

★ Salada falafel ★

2 porções

para os bolinhos
- 2 xícaras de chá de fava seca
- 1 xícara de chá de grão-de-bico
- ½ dente de alho picado
- 1 colher de sopa de salsinha picada
- 1 pitada de pimenta-síria
- Sal
- 1 pitada de bicarbonato de sódio (Ver Dica do chef)
- Óleo

para o molho tahine
- 2 dentes de alho
- Sal
- Suco de 2 limões
- 4 colheres de sopa de tahine (pasta de gergelim)
- Azeite de oliva extravirgem

para a salada
- 1 maço de alface picada
- 2 tomates picados em cubinhos
- 1 rabanete em fatias finas
- 1 maço de hortelã

bolinhos
Coloque a fava de molho por 2 dias e o grão-de-bico por 1 dia. Escorra ambos ingredientes, peneire e triture. Acrescente o alho, a pimenta-síria, a salsinha e o sal e bata no processador. Molde pequenos bolinhos, com aproximadamente 5 cm de diâmetro, e frite-os em óleo quente.

molho tahine
Misture todos os ingredientes em um recipiente e reserve.

salada
Em uma travessa, disponha a alface, os tomates e os rabanetes. Sirva os bolinhos com a salada e o molho tahine.

DICA DO CHEF

O BICARBONATO DE SÓDIO DEVE SER COLOCADO NA MASSA SOMENTE NO MOMENTO DA FRITURA. NÃO O ADICIONAR À RECEITA SE PRETENDE REFRIGERAR OS BOLINHOS.

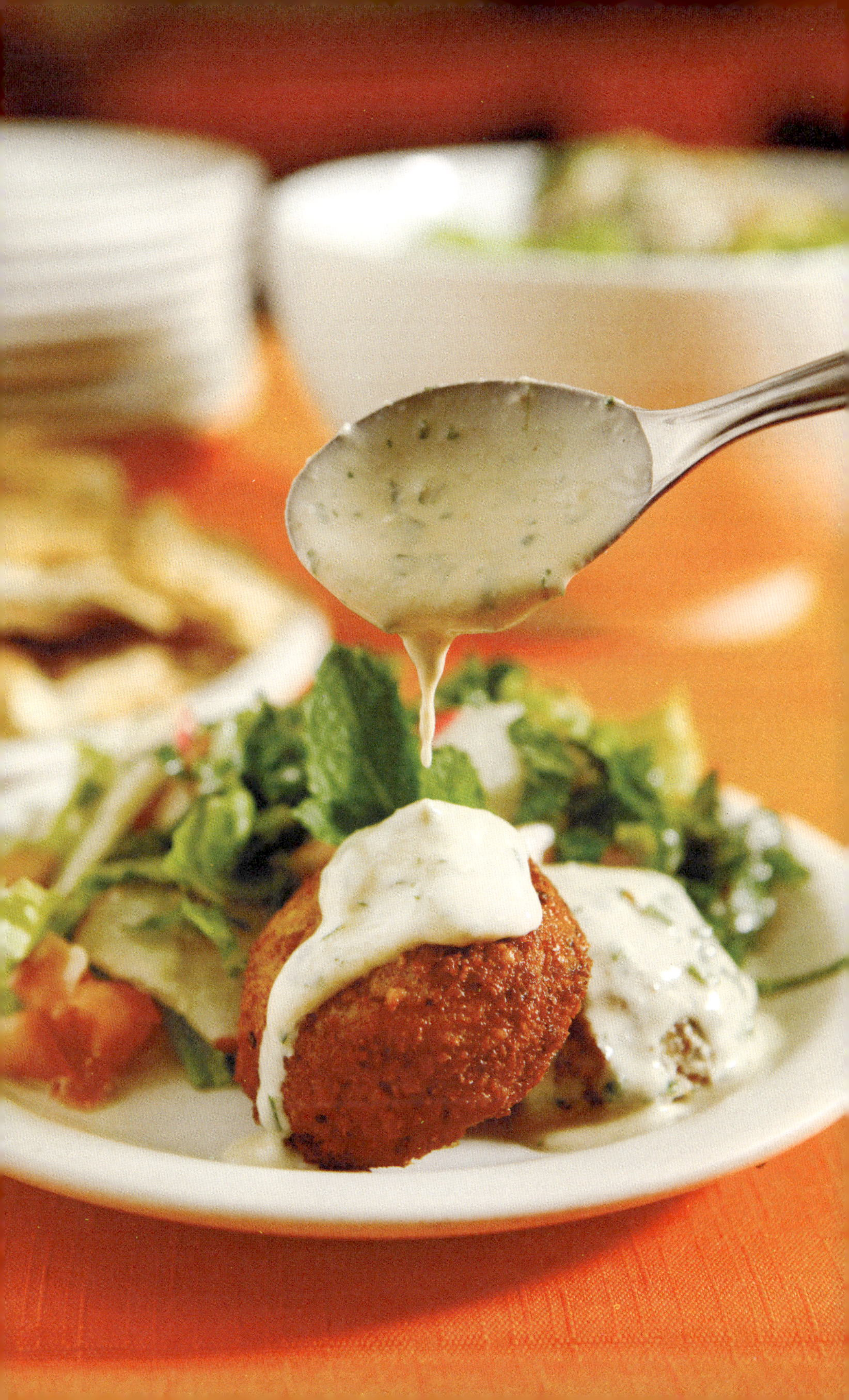

aberto em
1962

Restaurante Presidente

O mesmo Brás que recebeu um grande contingente da comunidade italiana e uma boa parte de imigrantes gregos e armênios, vindos quase em sua maioria para se empregar nas indústrias e madeireiras da região da Rua do Gasômetro, foi também o bairro que acolheu o comércio aberto pelo português José Pinto Ricardo há mais de 50 anos. Vindo de Portugal em 1954, Ricardo começou trabalhando no Mercado Municipal até resolver empreender seu próprio negócio com a ajuda da esposa em 1962.

No início, o Restaurante Presidente (como fora batizado em homenagem a Juscelino Kubitschek) servia pratos variados à la carte, e uma vez por semana o bacalhau era o grande prato do dia – uma forma de matar a saudade da terrinha pelo paladar. O preparo do peixe, comum e mais popular à época, fez a fama da casa e ganhou mais dias no cardápio, o que foi trazendo gente de outros bairros, de outras cidades. Até que não teve mais jeito. Ficou decidido: o Presidente serviria só bacalhau. Em suas mais diversas preparações, é verdade: no bolinho, em postas altas com azeite e alho, grelhado, gratinado ao forno, à dore e até, quem diria, à parmegiana, se espelhando em uma receita que se tornou um clássico da gastronomia paulistana.

Até hoje é assim: o bacalhau é a única opção do menu, servido apenas durante o almoço (a casa não abre para jantar). Seu José Ricardo e os sócios José e Antônio – que vieram nos anos seguintes à abertura – sempre cuidaram do peixe, que compravam pessoalmente em caixas de 50 quilos quando o preço ainda era acessível. O preço subiu, e os valores do cardápio também. Mas paga-se, afinal, por um dos melhores bacalhaus da cidade. O carro--chefe é o grelhado, de posta alta e dourada, guarnecido com brócolis ou batatas coradas. No decorrer dessas 5 décadas, os três sócios aprenderam a dominar as técnicas de dessalga e de preparo para deixar

* TIPO DE COZINHA *

PORTUGUESA

* PRATOS ICÔNICOS *

BACALHAU GRELHADO, BACALHAU À PORTUGUESA, BOLINHO DE BACALHAU

WWW.BACALHAU2424.COM.BR

o bacalhau perfeito, técnicas que não compartilharam com ninguém – o segredo foi mantido por Seu José Ricardo, que morreu em 2010. Afinal, ali importa somente o bacalhau e seu preparo; é o trunfo da casa. Não há ambiente bem montado (embora a simplicidade seja acolhedora) ou decoração engraçadinha. Nem mesmo o site traz fotos convidativas – o que a página mostra é muito aquém do capricho do que chega à mesa. O Presidente nunca precisou dessas artimanhas para encher a casa, principalmente aos domingos, quando os 60 lugares se tornam poucos para tantos clientes. Nessas 5 décadas, a única mudança significativa na história do restaurante foi a que o levou 10 metros para a frente de sua tradição, em 1998: na mesma calçada da Rua Visconde de Parnaíba, do número 2424 para o número 2438, onde um novo espaço foi construído para acomodar todo o seu legado. Essas mudanças que precisam acontecer só para tudo permanecer igual. Ainda bem.

★ Executivo do Presidente ★

1 porção

- 1 posta de bacalhau dessalgado
- 2 batatas médias cozidas e cortadas em cubos
- 1 porção de brócolis cozido
- Alho picado
- Azeite de oliva extravirgem
- Óleo
- Azeitonas pretas

Frite a posta de bacalhau em azeite quente até dourá-la.
Em outra panela, aqueça o óleo e frite as batatas até dourá-las.
Cozinhe o brócolis e depois leve-o a uma frigideira com óleo quente e alho picado a gosto. Refogue até que o alho doure.
No azeite utilizado para fritar o bacalhau, doure mais uma porção de alho picado, que será polvilhada sobre o bacalhau. Sirva a seguir com o brócolis, as batatas e azeitonas pretas.

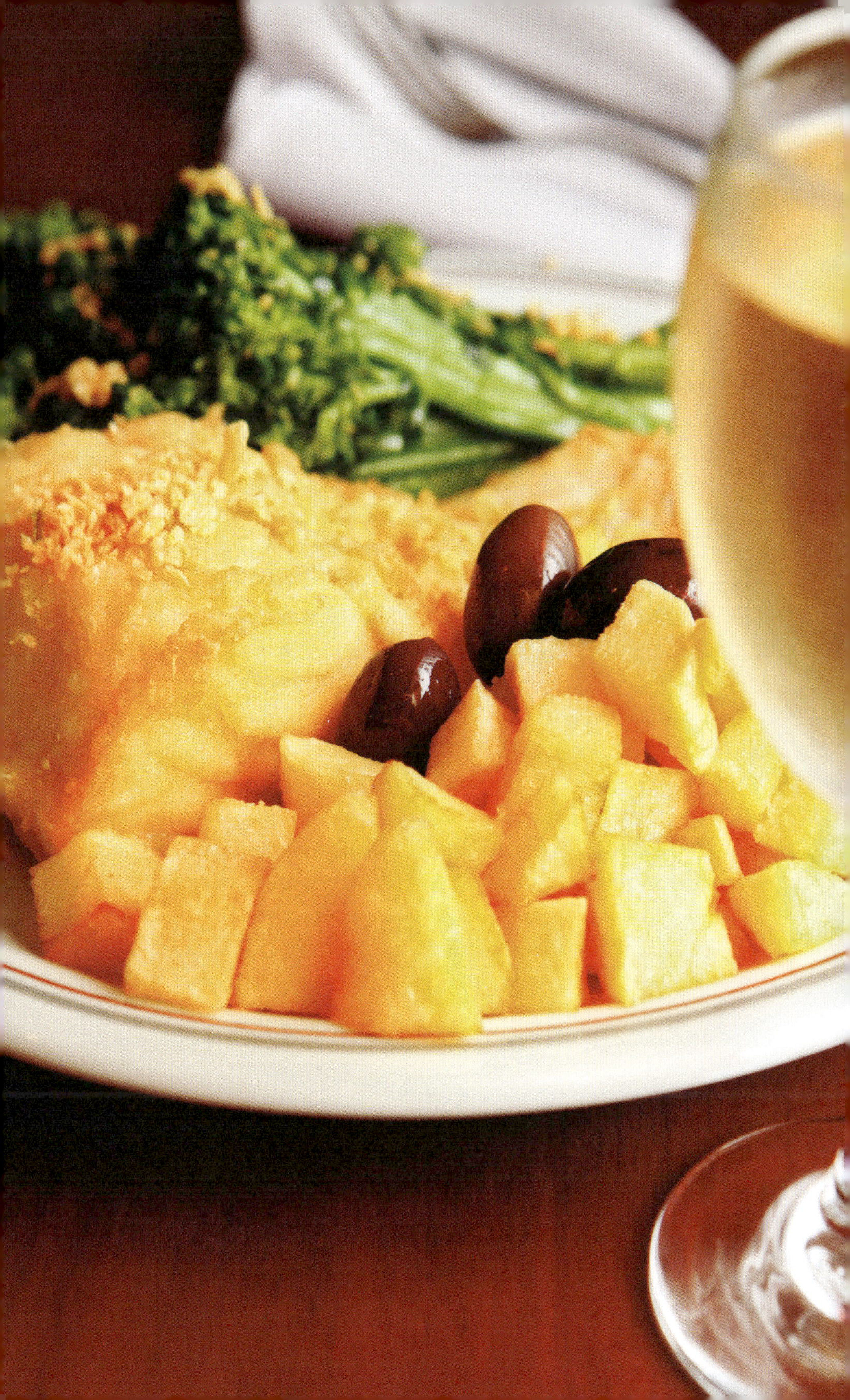

aberto em **1966**

Churrascaria Boi na Brasa

Pra quem, à noite, ronda a cidade à procura de um farto prato de comida, São Paulo é um banquete bem servido. Em qual outra metrópole é possível comer uma feijoada às altas horas? Ou uma bisteca de contrafilé grelhada pouco antes do dia clarear? Ou carne de sol acebolada, bobó de camarão, linguiça bem sequinha? Pela madrugada adentro, a capital paulista serve todas essas opções para os notívagos famintos. São Paulo, sim, é a cidade em que o estômago nunca dorme.

Localizada na Vila Buarque, a tradicional churrascaria Boi na Brasa ficou conhecida por atender os carnívoros de todas as horas – inclusive os da alvorada. Há mais de 5 décadas funcionando no bairro, a casa resistiu ao rodízio, cresceu demais e até ganhou uma filial – que, curiosamente, fica na mesma rua. Em restaurante que está ganhando, não se muda (regrinha que alguns donos deveriam aprender). E nem poderia: uma das principais características da casa é a localização na região central, onde todo o tipo de gente convive e frequenta.

* TIPO DE COZINHA *

CHURRASCARIA

* PRATOS ICÔNICOS *

T-BONE, PICANHA, BABY BEEF, LOMBO SUÍNO, LINGUIÇA DE PERNIL NA BRASA

WWW.CHURRASCARIABOINABRASA.COM.BR

No salão rústico e até apertado, cabe todo mundo: jogadores de futebol, bancários, músicos, artistas, celebridades, taxistas que vão repor a energia durante as horas de parada. Talvez, por isso, seja o representante de churrasco que mais tenha a cara de São Paulo.
Também tem preço acessível e atendimento prestativo – feito por aquele tipo de garçom camarada que entrou em extinção nos novos estabelecimentos. O clima é de venda de interior, com os fornecedores cruzando o salão cheio de clientes com peças de carne e pintados de dois metros nas mãos. Ninguém parece se incomodar – pelo contrário. Até porque seria difícil a logística centralizar todas as entregas nas poucas horas que a casa permanece fechada (entre 5 e 11 horas). Inaugurado em 1966, o restaurante foi comprado em 1982 por Delmiro

Costa, que passou a administrá-lo com a ajuda de dois irmãos. Com o grande fluxo de clientes, eles decidiram abrir a segunda unidade, quase como uma extensão da primeira. Hoje, o estabelecimento continua com a família e é tocado por seu filho, Jorge Costa, e o sócio, Antônio Amorim. O sucesso está na tradição, mas também nos cortes, que, apesar de em alguns casos terem passado por pequena atualização, se mantêm desde quando a casa abriu, como é o caso da bisteca, do baby beef e do filé-mignon à Boi na Brasa, servido com a infalível salada de agrião e alho torrado.

Com o passar do tempo, foram acrescentadas ao cardápio algumas opções de peixes, como o salmão e o badejo, e ainda o filé à parmegiana – concessões aos novos clientes. Mas, para os de antigamente, tudo permanece ali: o couvert com a cebola temperada à mesa pelo garçom, a linguiça de pernil sequinha, o frango desossado, o lombo de porco com farofa de bacon e ovos. O Boi na Brasa é um braseiro (o termo soa melhor que churrascaria!) de bairro, com comida trivial e bem-feita, em que ninguém virá despejando no seu prato informações sobre a genética do boi e as características do corte. É um reconfortante refúgio carnívoro para onde é possível debandar – e ser feliz – a qualquer hora do dia, da noite ou da madrugada.

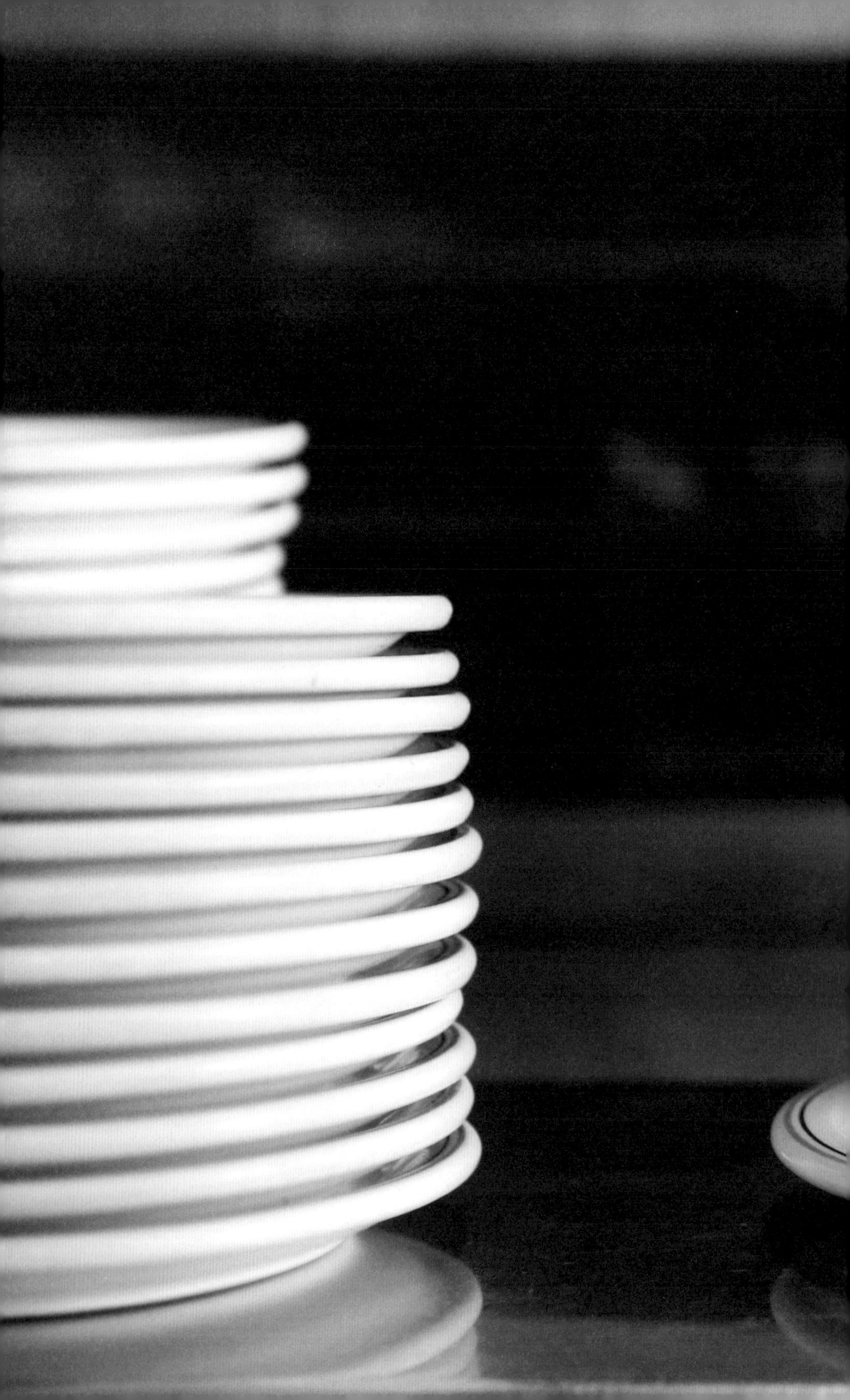

★ Filé-mignon à Boi na Brasa ★

1 porção

para a carne
- 450 g de filé-mignon
- 100 g de mistura de ervas e temperos: mororó, angico, sabiá catingueira, marmeleiro, umburana de cheiro, alho, folha de louro e alecrim para 40 kg de sal médio

para a salada
- 60 g de broto de agrião
- 100 g de alho torrado
- Limão
- Azeite de oliva extravirgem
- Mostarda
- Pimenta-do-reino

Tempere o filé-mignon com a mistura de ervas e sal e deixe descansar por 2 horas. Asse o filé-mignon ao ponto na brasa.
Sirva acompanhado de alho torrado e salada de agrião, que deverá ser temperada com limão, azeite, mostarda e pimenta-do-reino a gosto.

aberto em
1967

Cantina Gigio

Mesmo tendo se tornado uma das mais tradicionais e representativas cantinas em funcionamento no Brás, não foi originariamente no bairro que a Gigio primeiro abriu suas portas. Em 1967, dois amigos italianos fundaram a casa na Rua Cardoso de Almeida, em Perdizes, distante do epicentro dos estabelecimentos de culinária italiana que se instalaram principalmente na zona leste de São Paulo. O nome veio do apelido que um deles, Luigi Salvel, imigrante da região de Treviso, possuía entre os amigos mais próximos. Cinco anos de funcionamento foram suficientes para que os fundadores decidissem que deveriam se aproximar do principal reduto de seus conterrâneos. Assim, inauguraram a Gigio na Rua do Gasômetro, que foi recebida com festa no Brás, onde está em funcionamento até hoje.

Na década de 1980, a cantina passou para a administração da família Brás, portugueses que chegaram a São Paulo, também na década de 1960, vindos da região de Beira Alta, ao norte do país. O pai da família, José Joaquim Brás, vinha do trabalho na lavoura e, no Brasil, conseguiu um emprego numa fábrica de móveis por alguns anos para depois se estabelecer como carroceiro em feiras da cidade. Seus filhos, Vitor e Vinícius, são os que comandam até hoje a Gigio, que, graças ao sucesso, ganhou uma filial em Pinheiros nos anos 1990. Quem atravessar a porta toda talhada em madeira maciça na antiga e portentosa construção no Brás vai encontrar uma cantina que preenche todos os requisitos de uma casa do gênero: as paredes revestidas por madeira, vitrais, fotos que não valorizam os bons pratos do cardápio, garrafas de vinho espalhadas e muitas, muitas imagens de receitas e de pontos antigos de São Paulo – as grandes cantinas da cidade vivem da tradição e de exaltá-la. Sabem bem disso. Quanto mais ostensivas forem suas referências, maiores as chances de sucesso com o público que as

* TIPO DE COZINHA *

ITALIANA

* PRATOS ICÔNICOS *

SPAGHETTI ALL'ARRABIATTA, BERINJELA À PARMEGIANA, RAVIÓLI DE RICOTA AOS QUATRO QUEIJOS

WWW.CANTINAGIGIO.COM.BR

frequenta justamente para aplacar essa nostalgia. É um acordo tácito: os dois lados ganham, ao mesmo tempo que a memória da cidade se perpetua. Na mesa, os clientes são saudados com fartas porções (para até três pessoas) que perpassam o repertório mais tradicional das cantinas. As massas, variadas, ganham destaque nas mais diversas formas: capeletti, fettuccine, richitelli, spaghetti, tagliarini e outras mais servidas com molhos tradicionais, do habitual bolonhesa ao romanesca, passando pelo picante all'arrabiatta, com tomate e peperoncino. Isso sem falar das massas recheadas (como o ravióli de ricota aos quatro queijos), as carnes, os frangos, os pescados. Dando prosseguimento à sua história na restauração paulistana, Vitor inaugurou há dez anos, também no Brás, o restaurante O Lavrador, que é uma homenagem ao pai, camponês português que veio com a esposa, Dona Cândida, para São Paulo, atrás de novas oportunidades. Anexo à Gigio, o restaurante tem, no cardápio extenso, o bacalhau à lavrador, prato típico do país que foi criado por trabalhadores rurais. Há, na porta, uma maquete das lavouras da aldeia de Senouras, onde José Joaquim Brás trabalhou antes de desembarcar aqui. Vitor diz que é a sua forma de manter, na cidade que acolheu a sua família, o legado do seu sobrenome, que, coincidentemente, é o mesmo nome do bairro que o permitiu prosperar.

★ Tagliarini à italiana ★

4 porções

para a massa
- 1 kg de farinha de trigo
- 6 ovos caipiras
- 400 ml de água
- 2 maços de espinafre cozido
- Vitaminas para massa

para o molho
- ½ kg de tomates cozidos sem pele
- Azeite de oliva extravirgem
- Alho
- 100 ml de extrato de tomate
- Orégano
- Manjericão
- Sal

para a carne
- ½ kg de filé-mignon cortado em cubos
- 300 g de champignon fresco fatiado e cozido

para a montagem
- 200 g de mozarela de búfala
- Folhas de manjericão fresco

massa
Cozinhe o espinafre em água fervente e sem tempero. Após cozido, escorra e reserve. Misture todos os ingredientes até que fiquem homogêneos, inclusive o espinafre. Abra a massa no cilindro ou no rolo de macarrão. Caso não tenha um cortador de massa, faça as tiras manualmente na espessura que desejar e deixe a massa secar em temperatura ambiente por 2 dias. Cozinhe a massa em água fervente com sal a gosto. O tempo de cocção varia de 20 a 25 minutos. Retire quando estiver al dente e reserve.

molho
Refogue o alho no azeite até que fique dourado. Depois, coloque os tomates amassados e sem pele e adicione o molho. Deixe cozinhar em fogo brando por 15 minutos. Ao final, adicione orégano, manjericão e sal a gosto. Reserve.

carne
Em uma panela, refogue o filé. Adicione o molho já pronto junto com o champignon em lâminas. Reserve.

montagem
Acrescente o molho sobre a massa, decore com a mozarela de búfala e folhas de manjericão. Sirva a seguir.

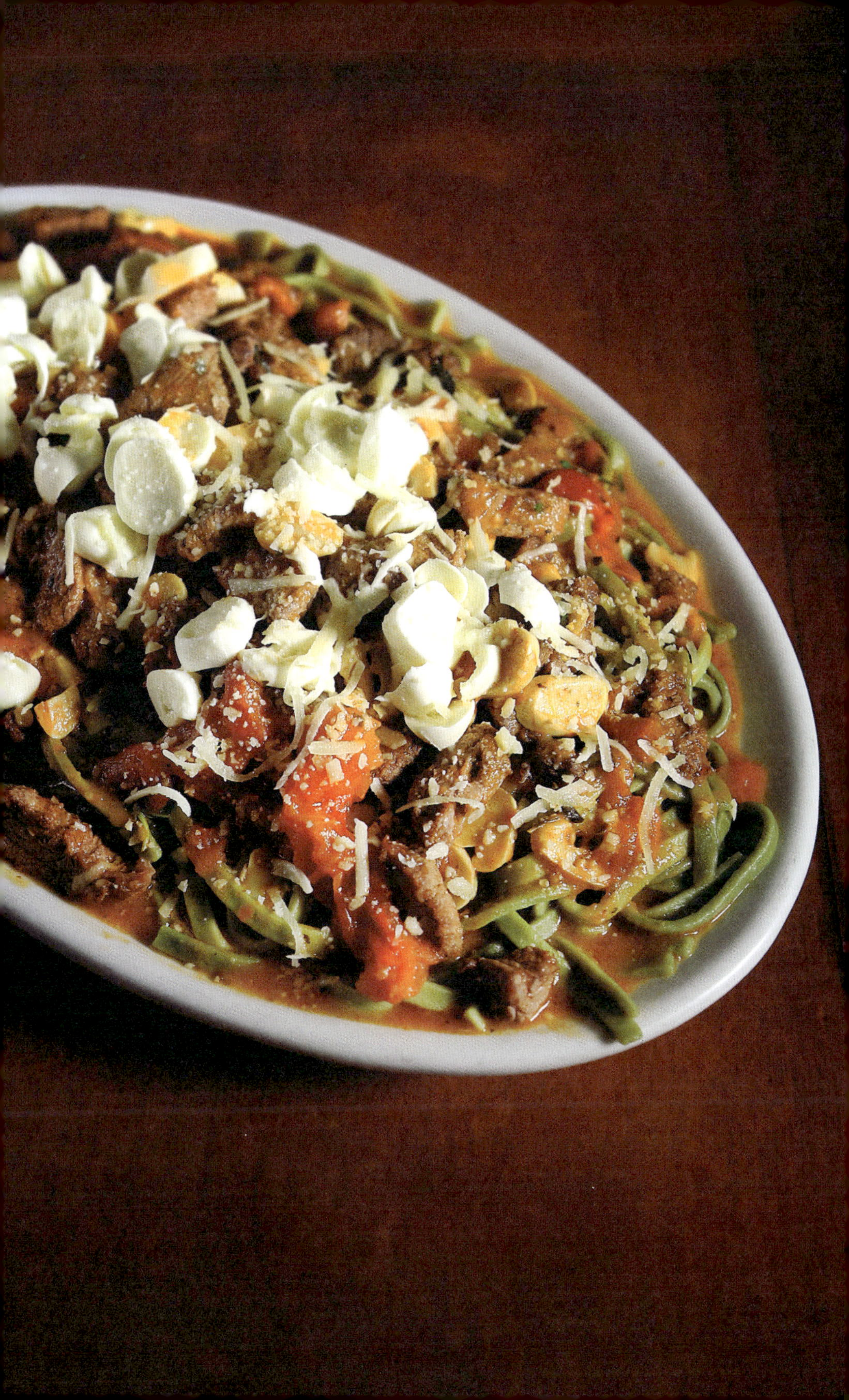

aberto em
1967

Terraço Itália

Um restaurante instalado no 41º andar do então maior prédio construído em São Paulo (com quase 170 metros) já haveria de nascer com o "alto" potencial de ponto turístico. E em 50 anos de história – completos em 2017 –, essa é a sina que o Terraço Itália teve de acatar: antes de ser um lugar para comer, é um local para visitar. Ter a cidade como paisagem emoldurada na janela dos comensais é um trunfo de restaurantes em todo mundo, de Chicago a Paris, de Dublin a Dubai – não é uma exclusividade do Terraço. O que o torna diferente de outros, nesse caso, é que se trata aqui de um dos raros lugares em que se vê São Paulo de cima. Estamos mais acostumados a ver a cidade a partir de uma perspectiva reduzida, com seus arranha-céus a nos oprimir. Ali do alto, a capital paulista parece mais dócil, mais poética até – e é aí que mora a fixação do paulistano (e daqueles que visitam a cidade) pelo restaurante. E pelo fetiche de ascender a seu topo.

No ponto focal do Centro de São Paulo, justamente no cruzamento das avenidas Ipiranga e São João, o Edifício Itália, o elevado prédio que abriga o Terraço, foi inaugurado em 1965 e encarado como uma grande conquista da comunidade italiana na cidade, representando a ascensão social de seus imigrantes – que, à época, conquistavam o cume da cidade. Não era pouco. A ideia da sua construção foi concebida pela colônia italiana que residia aqui, com a ajuda do Circolo Italiano, cuja sede estava localizada no terreno em que a torre foi construída. O edifício tinha, no projeto, galeria de lojas e salas comerciais. O restaurante surgiu como a cereja do bolo, como queria Evaristo Comolatti, seu fundador. Em 1967, dois anos depois de o prédio ficar pronto, o Terraço Itália foi finalmente inaugurado pelo então prefeito Faria Lima.

Desde sua abertura, foi pensado como um restaurante luxuoso, algo que se

* TIPO DE COZINHA *

ITALIANA CLÁSSICA

* PRATOS ICÔNICOS *

RAVIÓLI DI MOZZARELLA AL POMODORO, RISOTO DE LIMÃO--SICILIANO COM CAMARÕES E BURRATA, FETTUCCINE AL RAGU DE PATO

WWW.TERRACOITALIA.COM.BR

mantém até hoje – no ambiente e no preço da conta, em equidade com seu status de atração turística. Os amplos salões – são quatro ambientes no total, entre restaurantes, salão dançante e piano-bar (esse no 42º andar) – e a decoração lembram um sofisticado navio antigo, com escadarias em mármore, tapeçaria nos pisos, paredes cobertas por madeira, sofás com estampas demodês. Um elevador leva os visitantes/clientes até o 37º andar. Depois, de carona em outro elevador, se conquista o 41º, onde, mal a porta se abre, já é possível ver a cidade se impor lá embaixo.

Mesmo que seja mais por causa da vista da cidade que o Terraço esteja sempre lotado, o restaurante manteve a intenção de conservar sua comida no mesmo patamar, com chefs de prestígio comandando a cozinha, sempre com forte apelo tradicional da *cucina italiana*.

Durante todas as décadas, as massas, as carnes e os risotos deram o tom do cardápio, que foi mudando de acordo com as escolas e preferências de cada um de seus cozinheiros responsáveis, mesmo que obedecendo padrões conservadores. O chef da vez na sucessão dos *cuochi italiani* é o toscano Pasquale Mancini, que tenta imprimir sua culinária regional (feita de ingredientes campesinos e receitas rústicas, mas nem por isso sem sofisticação) no pedido dos clientes – entre os que sentam à luz de velas e os que balançam no salão dançante. A berinjela à parmegiana, o fettuccine al ragu de pato, o risoto de galinha-d'angola e a merluza negra em crosta de amêndoas são algumas receitas de seu repertório para agradar aos visitantes. Mesmo que muitos deles estejam mais interessados mesmo no prato principal: a embasbacante vista da cidade de São Paulo.

★ Ravióli di taleggio ao tartufo ★

4 porções

para a massa
- 300 g de farinha de trigo
- 3 ovos inteiros
- 1 pitada sal

para o recheio
- 200 g de queijo taleggio italiano
- 100 g de mascarpone italiano
- 50 g de queijo grana padano ralado na hora
- 5 pedaços de trufa negra italiana em conserva
- 30 g de manteiga de boa qualidade
- 10 g de queijo grana padano ralado na hora para finalizar

massa
Numa mesa (de preferência de mármore) coloque a farinha, faça um buraco no meio e acrescente os ovos e uma pitada de sal. Envolva a farinha e os ovos com as mãos até obter um composto homogêneo. Reserve. Para facilitar o processo de abrir a massa, use um cilindro. Caso não tenha, abra a massa com um rolo de macarrão mantendo-a o mais fina possível e salpicando farinha de trigo quando necessário para a massa não grudar.

recheio
Junte todos os ingredientes cortados em pedaços pequenos, exceto os pedaços de trufa, e misture até obter um composto homogêneo. Reserve.

montagem
Com a ajuda de uma colher, coloque a mistura do recheio em pequenas quantidades sobre a massa deixando um espaço entre elas. Faça isso até a metade da massa e cubra com a outra metade. Com um aro cortador, dê a forma desejada aos seus raviólis. Feche bem cada ravióli umedecendo as laterais com um pouco de água, para selar bem e evitar a saída do recheio durante o cozimento. Prepare uma panela com água salgada a gosto e ferva. Enquanto cozinha os raviólis, derreta em uma frigideira a manteiga em fogo baixo. Assim que os raviólis estiverem cozidos (de 5 a 7 minutos), retire-os da água com a ajuda de uma escumadeira, transfira-os delicadamente para a frigideira com a manteiga derretida e um pouquinho de água do cozimento. Acrescente 10 g de queijo grana padano para finalizar e salteie levemente, obtendo um creme. Sirva cada porção com 4 ou 5 raviólis e finalize com pedacinhos de trufa.

∗ AGRADECIMENTOS ∗

A TODOS OS RESTAURANTES QUE NOS DERAM A OPORTUNIDADE DE CONTAR A HISTÓRIA DELES E MUITO DE NOSSA PRÓPRIA HISTÓRIA. FORAM TANTAS AS EXPERIÊNCIAS QUE FOI DIFÍCIL CONTÁ-LAS EM UM LIVRO SÓ.

E UM AGRADECIMENTO ESPECIAL ÀS PESSOAS QUE CUIDAM DE NOSSA COZINHA PAULISTANA COM O ZELO E O CARINHO QUE ESPERAMOS ENCONTRAR PRESENTES NOS RESTAURANTES DA CIDADE DAQUI A 50 ANOS.

OS AUTORES

Obra conforme o Acordo Ortográfico da Língua Portuguesa.

© Janaina Rueda e Rafael Tonon
© 2017 Editora Melhoramentos Ltda.
Todos os direitos reservados.

Projeto gráfico: Erika Kamogawa
Mapa: Studio Mil
Fotografias: Helena de Castro
Assistente de fotografia: Ana Sannini

Todas as receitas foram produzidas e fotografadas nos próprios restaurantes.
Os textos das receitas são de responsabilidade dos restaurantes.

1ª edição, abril de 2017.
ISBN 978-85-06-08113-6

Atendimento ao consumidor:
Caixa Postal 11541 – CEP 05049-970
São Paulo – SP – Brasil
Tel.: (11) 3874-0880
sac@melhoramentos.com.br
www.editoramelhoramentos.com.br

Impresso no Brasil

Dados Internacionais de Catalogação na Publicação (CIP)
(Câmara Brasileira do Livro, SP, Brasil)

Rueda, Janaina
 50 restaurantes com mais de 50: 5 décadas da gastronomia paulistana / Janaina Rueda, Rafael Tonon; fotografias Helena de Castro. – São Paulo: Editora Melhoramentos, 2017.

ISBN: 978-85-06-08113-6

1. Culinária (Receitas) 2. Culinária – São Paulo 3. Culinária – São Paulo – História 4. Gastronomia 5. Restaurantes – São Paulo (SP) – Guias I. Tonon, Rafael. II. Castro, Helena de. III. Título.

17-00658   CDD–647.958161

Índice para catálogo sistemático:
1. Restaurantes: São Paulo: Cidade: Guias 647.958161